高等职业教育会计专业富媒体智能型·项目化系列教材

Exercise and Training of Primary Accounting Practice

初级会计实务

习题与实训

王碧秀 主 编
蔡梦颖 副主编

东北财经大学出版社 大连
Dongbei University of Finance & Economics Press

图书在版编目（CIP）数据

初级会计实务习题与实训 / 王碧秀主编．—大连：东北财经大学出版社，2019.8

（高等职业教育会计专业富媒体智能型·项目化系列教材）

ISBN 978-7-5654-3571-3

Ⅰ．初… Ⅱ．王… Ⅲ．会计实务-高等职业教育-习题集 Ⅳ．F233-44

中国版本图书馆CIP数据核字（2019）第118864号

东北财经大学出版社出版

（大连市黑石礁尖山街217号 邮政编码 116025）

网 址：http://www.dufep.cn

读者信箱：dufep@dufe.edu.cn

大连图腾彩色印刷有限公司印刷 东北财经大学出版社发行

幅面尺寸：185mm×260mm 字数：281千字 印张：12.5 插页：1

2019年8月第1版 2019年8月第1次印刷

责任编辑：王天华 责任校对：华 天

封面设计：冀贵收 版式设计：原 皓

定价：29.00元

教学支持 售后服务 联系电话：（0411）84710309

如有印装质量问题，请联系营销部：（0411）84710711

前　言

本书是与主教材《初级会计实务》相配套的辅助教材，其编写目的是帮助学习者通过加强练习，理解和掌握主教材的内容，提高解决实际问题的能力。

本书共分6个项目21项任务，每项任务均包括学习重点与难点、职业判断能力训练两大部分。学习重点与难点，主要是针对每一个知识点和技能点的内容以列表的形式进行了全面的概括与总结，方便学习者进行系统的比较学习。职业判断能力训练，主要是针对每一个知识点和技能点（技能点3-3和技能点3-5除外），以判断题、单项选择题、多项选择题、综合业务题、不定项选择题等题型，设计若干练习题，以帮助学生通过对相关知识点与技能点进行多角度训练，提升解决实际问题的技能。

本书的全部题目均录入由王碧秀教授主持的浙江省精品在线开放课程《基础会计（财务会计）》课程系统，师生可以通过该平台进行自主学习、线上测试。

本书由丽水职业技术学院王碧秀教授担任主编，蔡梦颖担任副主编。由于编者水平有限，书中疏漏之处在所难免，敬请读者批评指正。

编　者

2019年8月

目 录

项目一　资产核算

任务一　货币资金核算

学习重点与难点

知识点1-1　货币资金管理

一、货币资金内容

货币资金是指企业在生产经营过程中处于货币形态的资产。货币资金按其用途和存放地点不同，可分为库存现金、银行存款和其他货币资金。

二、现金管理制度

现金管理制度见表1-1。

表1-1　　现金管理制度

项　目	内　容
现金使用范围	下列范围内的业务支出可以使用现金结算：①职工工资、津贴；②个人劳务报酬；③国家规定颁发给个人的科学技术、文化艺术、体育等各种奖金；④各种劳保、福利费用及国家规定的对个人的其他支出；⑤向个人收购农副产品和其他物资的价款；⑥出差人员必须随身携带的差旅费；⑦结算起点（1 000元）以下的零星支出；⑧中国人民银行确定需要支付现金的其他支出
库存现金限额	开户单位3～5天日常零星开支所需的库存现金；边远及交通不便地区可多于5天，但不得超过15天的日常零星开支
现金管理其他规定	钱账分管，不得坐支现金，不得白条顶库，不得套取现金等

三、银行存款管理制度

银行结算账户种类及银行结算方式见表1–2。

表1–2 银行结算账户种类及银行结算方式

项 目			内 容
银行结算账户种类	基本存款账户		因办理单位日常转账结算和现金收付需要而开立；只能在一家银行的一个营业机构开立一个；日常经营活动资金收付必须通过本账户办理
	一般存款账户		因借款或其他结算需要在基本存款账户开户银行以外的银行营业机构开立；只能办理转账和现金缴存，不能办理现金支取
	临时存款账户		因临时需要并在规定期限内使用而开立；既可办理转账也可办理现金存取
	专用存款账户		对法律、法规规定有特定用途资金进行专项管理和使用而开立
银行结算方式	支票	种 类	现金支票（只能提现）、转账支票（只能转账）、普通支票（既可提现又可转账）
		适用范围	同城、异地各种款项结算
		其他规定	提示付款期自出票日起10日；一律记名；转账支票可背书转让
	银行本票	适用范围	单位和个人同一票据交换区各种款项结算
		其他规定	提示付款期自出票日起最长不超过2个月；一律记名；可以背书转让
	银行汇票	适用范围	单位和个人同城或异地各种款项结算
		其他规定	提示付款期自出票日起1个月；一律记名；可以背书转让
	商业汇票	种 类	按承兑人不同分为商业承兑汇票和银行承兑汇票
		适用范围	法人及其他组织之间有真实交易关系或债权债务关系的款项结算
		其他规定	付款期最长不超过6个月；提示付款期自汇票到期日起10日；一律记名；可以背书转让
	信用卡	种 类	按使用对象分为单位卡和个人卡；按信誉等级分为金卡和普通卡；按是否向发卡银行交存备用金分为贷记卡和准贷记卡
		适用范围	在发卡银行特约单位购物或消费；在发卡银行存取现金
		其他规定	单位卡账户资金一律从基本存款账户转账存入，不得交存现金，不得将销货收入存入其账户；单位卡不得用于10万元以上款项结算，不得支取现金
	信用证	适用范围	国际结算
	汇兑	种 类	电汇和信汇
		适用范围	单位和个人异地各种款项结算
	委托收款	种 类	按款项划付方式分为邮寄和电报
		适用范围	同城、异地各种款项结算。单位和个人凭已承兑商业汇票、债券、存单等付款人债务证明办理款项结算也可使用
		其他规定	付款期3天；付款人需拒付的，应在付款期内向银行办理拒付，但银行不负责审查拒付理由
	托收承付	适用范围	收付款双方必须是国有企业、供销合作社以及经营管理较好，并经开户银行审查同意的城乡集体所有制工业企业。结算款项必须是商品交易以及因商品交易而产生的劳务供应款项，代销、寄销、赊销商品款项不得办理托收承付结算。收付双方必须签有购销合同，并在合同上订明使用托收承付结算方式。收款人办理托收，必须具有商品确已发运的证件
		其他规定	结算金额起点每笔1万元，新华书店系统每笔1 000元；验单付款承付期3天，验货付款承付期10天
	电子支付		电子支付是指单位、个人直接或授权他人通过电子终端支付指令，实现货币支付与资金转移的行为；包括网上支付、电话支付、移动支付、销售点终端支付、自动柜员机交易和其他电子支付等类型

技能点1-1 货币资金核算与列报

一、库存现金核算

库存现金核算见表1-3。

表1-3 库存现金核算

<table>
<tr><th>项 目</th><th colspan="4">内 容</th></tr>
<tr><td>账户设置</td><td colspan="4">总分类核算："库存现金"总账；序时核算："库存现金日记账"</td></tr>
<tr><td rowspan="3">现金清查账务处理</td><td colspan="2">报批前</td><td colspan="2">报批后</td></tr>
<tr><td>短缺</td><td>借：待处理财产损溢
贷：库存现金</td><td colspan="2">借：其他应收款（责任人或保险公司赔偿）
管理费用（无法查明原因）
贷：待处理财产损溢</td></tr>
<tr><td>溢余</td><td>借：库存现金
贷：待处理财产损溢</td><td colspan="2">借：待处理财产损溢
贷：其他应付款（应支付给有关人员或单位）
营业外收入（无法查明原因）</td></tr>
<tr><td rowspan="2">备用金账务处理</td><td>核定备用金制</td><td>①拨付：
借：备用金或其他应收款
贷：库存现金</td><td>②报销：
借：管理费用等
贷：库存现金</td><td rowspan="2">两种方法差异是报销环节账务处理不同：前者报销时补足定额；后者报销时结清借款</td></tr>
<tr><td>实报实销</td><td>①借款：
借：其他应收款
贷：库存现金</td><td>②报销：
借：管理费用等
贷：其他应收款等</td></tr>
</table>

二、银行存款核算

1. 银行存款和其他货币资金核算账户设置见表1-4。

表1-4 银行存款和其他货币资金核算账户设置

<table>
<tr><th>账 户</th><th>内 容</th><th>注 意</th></tr>
<tr><td>银行存款</td><td>核算企业存入银行或其他金融机构的各种存款</td><td rowspan="2">商业汇票结算方式应通过"应收票据"和"应付票据"账户核算</td></tr>
<tr><td>其他货币资金</td><td>核算企业银行本票存款、银行汇票存款、信用卡存款、信用证保证金存款、存出投资款、外埠存款</td></tr>
</table>

2. 银行结算账务处理见表1-5。

表1-5 银行结算账务处理

<table>
<tr><th>结算方式</th><th>付款方</th><th>收款方</th></tr>
<tr><td>支票</td><td>签发支票时：
借：相关账户
贷：银行存款</td><td>持票办理进账时：
借：银行存款
贷：相关账户</td></tr>
<tr><td rowspan="2">银行本票</td><td>向银行申请本票时：
借：其他货币资金——银行本票存款
贷：银行存款
持票结算时：
借：相关账户
贷：其他货币资金——银行本票存款</td><td>按票面金额办理进账时：
借：银行存款（票面金额）
贷：相关账户</td></tr>
<tr><td colspan="2">注意：持银行本票结算，当实际应收（或应付）金额与票面金额不一致时，应另以支票等其他方式结清</td></tr>
</table>

续表

结算方式	付款方	收款方
银行汇票	向银行申请汇票时： 借：其他货币资金——银行汇票存款 　　贷：银行存款 实际应付金额小于票据面值的部分转回： 借：银行存款 　　贷：其他货币资金——银行汇票存款	按实际应收金额办理进账时： 借：银行存款（实际应收金额） 　　贷：相关账户
商业汇票	签发、承兑并交收款单位时： 借：相关账户 　　贷：应付票据 使用银行承兑汇票结算方式支付手续费时： 借：财务费用 　　贷：银行存款 汇票到期支付票款时： 借：应付票据 　　贷：银行存款 汇票到期若无力支付： 借：应付票据 　　贷：应付账款（商业承兑汇票） 　　　　或短期借款（银行承兑汇票）	结算款项，收到商业汇票时： 借：应收票据 　　贷：相关账户 票据到期收到票款时： 借：银行存款 　　贷：应收票据 商业承兑汇票到期，对方无力支付时： 借：应收账款 　　贷：应收票据
信用卡	存入备用金办理信用卡时： 借：其他货币资金——信用卡存款 　　贷：银行存款 持卡消费，办理结算时： 借：相关账户 　　贷：其他货币资金——信用卡存款	持汇总单办理进账时： 借：银行存款 　　贷：相关账户
信用证	办理信用证时： 借：其他货币资金——信用证保证金存款 　　贷：银行存款 办理结算时： 借：相关账户 　　贷：其他货币资金——信用证保证金存款 未用完的信用证保证金余款转回： 借：银行存款 　　贷：其他货币资金——信用证保证金存款	收到银行收账通知时： 借：银行存款 　　贷：相关账户
汇兑	办妥汇款手续时： 借：相关账户 　　贷：银行存款	办妥收款手续时： 借：银行存款 　　贷：相关账户
委托收款	办妥付款手续时： 借：相关账户 　　贷：银行存款	办妥收款手续时： 借：银行存款 　　贷：相关账户
托收承付	承付期满办妥付款手续时： 借：相关账户 　　贷：银行存款	办妥托收手续时： 借：应收账款 　　贷：有关账户 承付期满收到进账通知时： 借：银行存款 　　贷：应收账款

3.银行存款清查见表1-6。

表1-6　　银行存款清查

清查方法	基本技能
将“银行存款日记账”与“银行对账单”每月至少核对一次。此行为属“账实核对”。	1.确定未达账项，编制银行存款余额调节表。公式： 银行存款日记账余额+银行已收、企业未收款-银行已付、企业未付款 =银行对账单余额+企业已收、银行未收款-企业已付、银行未付款 2.银行存款余额调节表不属于原始凭证，只起到核对账目作用，不得用于调整银行存款账面余额

三、其他货币资金核算

其他货币资金是指企业除现金、银行存款以外的各种货币资金，主要包括银行本票存款、银行汇票存款、信用卡存款、信用证保证金存款、外埠存款、存出投资款、支付宝存款等。其他货币资金核算见表1-7。

表1-7 其他货币资金核算

外埠存款	存出投资款
开立临时采购专户时： 借：其他货币资金——外埠存款 　　贷：银行存款	向证券公司划出资金时： 借：其他货币资金——存出投资款 　　贷：银行存款
使用采购专户付款： 借：相关账户 　　贷：其他货币资金——外埠存款	购买股票等时： 借：相关账户 　　贷：其他货币资金——存出投资款
结清专户款： 借：银行存款（未使用金额） 　　贷：其他货币资金——外埠存款	结清专户款： 借：银行存款 　　贷：其他货币资金——存出投资款

【注意】（1）备用金、商业汇票不通过“其他货币资金”账户核算。备用金通过“其他应收款”或“备用金”账户核算，商业汇票通过“应收票据”“应付票据”账户核算。

（2）企业收到银行汇票、银行本票，借记“银行存款”账户；企业开出银行汇票、银行本票，贷记“其他货币资金”账户。做题时一定要注意是“收到”还是“开出”，它们所记入的账户不同。

四、货币资金列报

货币资金列报见表1-8。

表1-8 货币资金列报

资产负债表项目	填报方法
货币资金	反映企业库存现金、银行存款、外埠存款、银行汇票存款、银行本票存款、信用卡存款、信用证保证金存款、支付宝存款等合计数。 根据“库存现金”“银行存款”“其他货币资金”账户期末余额的合计数填列

职业判断能力训练

知识点1-1 货币资金管理

一、判断题（下列各题正确的在括号内打“√”，错误的打“×”）

1. 发放给个人的各项奖金可以用库存现金支付。（　　）
2. 甲企业向乙企业购买价值900元货物，此笔货款可以用现金结算。（　　）
3. 采购员王平出差向单位借支差旅费3 000元，此笔款项不得用库存现金支付。

（ ）

4.一个单位分别在多家银行开有存款账户的，可分别由各家开户银行核定其库存现金限额。（ ）

5.任何情况下企业都不得从本企业的现金收入中直接支出现金。（ ）

6.我国会计上所说的现金仅指企业库存的人民币现金，不包括外币现金。（ ）

7.边远地区和交通不便地区的开户单位的库存现金限额可按多于5天但不超过10天的日常零星开支核定。（ ）

8.企业的库存现金限额是由企业根据自己单位的实际情况自行确定的。（ ）

9.存款人只能选择一家银行的一个营业机构开立一个基本存款账户。（ ）

10.普通支票既可以支取现金，也可以转账；但在普通支票左上角划两条平行线的，只能用于转账，不得支取现金。（ ）

11.申请人或收款人为单位的可以申请签发现金银行本票。（ ）

12.未填写实际结算金额或实际结算金额超过出票金额的银行汇票不得背书转让。（ ）

13.商业汇票必须经过承兑，一经承兑，承兑人即负有到期无条件付款的责任。（ ）

14.商业承兑汇票的承兑人是购货企业的开户银行。（ ）

15.银行承兑汇票的付款人是购货企业的开户银行。（ ）

16.单位信用卡账户的资金必须从基本存款账户转账存入，不得交存现金。（ ）

17.代销、寄销、赊销商品的款项不得办理委托收款结算。（ ）

18.委托收款结算方式下，付款单位拒付的，开户银行有义务审查拒付理由是否正当。（ ）

19.单位和个人各种款项结算均可使用托收承付结算方式。（ ）

20.异地单位和个人的各种款项结算均可采用汇兑结算方式。（ ）

二、单项选择题（下列各题只有一个正确答案，请将正确答案填在括号内）

1.根据《中华人民共和国现金管理暂行条例》（以下简称《现金管理暂行条例》）的规定，下列各项不能用现金结算的是（ ）。

A.职工工资、津贴　　B.个人劳务报酬

C.向个人收购农副产品的货款　　D.向农业企业收购农副产品的货款

2.《现金管理暂行条例》中规定的结算起点是指（ ）元。

A.500　　B.1 000　　C.1 500　　D.2 000

3.根据《现金管理暂行条例》的规定，下列经济业务可以使用现金支付的是（ ）。

A.招待客户的餐费1 050元　　B.零星办公用品购置费1 200元

C.物资采购货款9 300元　　D.出差人员随身携带的差旅费5 000元

4.企业的下列款项中，可以使用库存现金支付的是（ ）。

A.行政部门购买办公用品1 300元　　B.生产工人工资100 000元

C.供销部门宣传费2 000元　　D.向甲企业支付采购材料的货款1 500元

5.企业一般不得从本单位的现金收入中直接支付现金（即坐支），因特殊情况需要坐支现金的，应当事先报经（ ）审查批准。

A.上级部门 B.税务部门

C.开户银行 D.工商行政管理部门

6.根据《人民币银行结算账户管理办法》的规定，企业发放工资、奖金、津贴等支取现金，只能通过（ ）。

A.基本存款账户 B.一般存款账户

C.临时存款账户 D.专用存款账户

7.企业的下列各项辅助结算账户，用于办理借款转存、归还和其他结算资金收付的是（ ）。

A.基本存款账户 B.一般存款账户

C.临时存款账户 D.专用存款账户

8.下列各项中，符合银行存款管理制度规定的是（ ）。

A.一个企业只能选择一家银行的一个分支机构开立一个基本存款账户

B.一个企业可选择一家银行的几个分支机构开立多个一般存款账户

C.一个企业可选择多家银行开立基本存款账户

D.企业可以通过基本存款账户和一般存款账户支取现金

9.除中国人民银行另有规定外，支票的提示付款期限一般为出票日起（ ）天。

A.7 B.10 C.15 D.5

10.银行汇票的付款期限自出票日起（ ）。

A.半个月 B.1个月 C.2个月 D.3个月

11.银行本票的付款期限自出票日起（ ）。

A.半个月 B.1个月 C.2个月 D.3个月

12.商业汇票的付款期限由交易双方商定，但最长不得超过（ ）。

A. 3个月 B. 6个月 C. 9个月 D. 12个月

13.托收承付结算方式采用验货付款时，其承付期为（ ）天。

A.3 B.5 C.7 D.10

14.下列结算方式中，受结算金额起点限制的是（ ）。

A.支票 B.汇兑 C.委托收款 D.托收承付

15.下列各项不得用于支取现金的是（ ）。

A.现金支票 B.注有“现金”字样的银行本票

C.注有“现金”字样的银行汇票 D.单位信用卡

三、多项选择题（下列各题至少有两个正确答案，请将正确答案填在括号内）

1.根据《现金管理暂行条例》的规定，下列各项可以用现金支付的有（ ）。

A.职工王某特别贡献奖金30 000元 B.职工李某差旅费2 500元

C.单位办公用品购置费600元 D.向甲企业采购材料的货款900元

2.下列各项可以用现金支付的有（ ）。

A.偿还短期借款 B.缴纳税金

C.向果农收购水果的货款 D.各种劳保支出

3.下列各项可以用现金支付的有（　　）。

A.职工工资

B.个人劳务报酬

C.结算起点（1 000元）以上的支出

D.出差人员差旅费

4.下列各项关于现金收支的说法正确的有（　　）。

A.不准用不符合国家统一会计制度规定的凭证顶替库存现金

B.不准谎报用途套用现金

C.不准用银行账户代其他单位或个人存入或支取现金

D.不准将单位收入的现金以个人名义存入银行

5.下列各项符合现金管理有关规定的有（　　）。

A.企业当日送存现金有困难的，可由开户银行确定送存时间

B.因特殊情况需要坐支现金的，应当事先报经开户银行审查批准

C.企业从开户银行提取现金，由本单位出纳人员签字盖章即可

D.不准用本单位银行账户代其他单位和个人存入或支取现金

6.下列各项票据可以背书转让的有（　　）。

A.银行汇票　B.商业汇票　C.银行本票　D.转账支票

7.下列各项可用信用卡结算的有（　　）。

A.向供应商购货20 000元　B.向特约单位购物500元

C.从银行提取现金500元　D.购买办公用品100元

8.下列各项不可采用托收承付结算方式结算的有（　　）。

A.赊销商品的款项　B.寄销商品的款项

C.代销商品的款项　D.商品交易的款项

9.下列各项属于货币资金的有（　　）。

A.银行存款　B.库存现金　C.其他货币资金　D.商业汇票

10.根据中国人民银行有关支付结算办法的规定，下列各项说法正确的有（　　）。

A.银行本票的付款期限为自出票日起1个月内

B.在银行开立存款账户的法人以及其他组织之间必须具有真实的交易关系或债权债务关系才能使用商业汇票

C.单位可以将销货款存入其信用卡账户，但不得从单位卡支取现金

D.采用托收承付结算方式时，购销双方必须签订合法的购销合同，并在合同上写明使用托收承付结算方式

11.下列结算方式中，既适用于商品交易也适用于提供劳务或服务的有（　　）。

A.支票　B.汇兑　C.委托收款　D.托收承付

12.下列各项既可用于转账结算，又可用于支取现金的有（　　）。

A.普通支票　B.转账支票

C.注有“现金”字样的银行本票　D.注有“现金”字样的银行汇票

技能点1-1 货币资金核算与列报

一、判断题（下列各题正确的在括号内打“√”，错误的打“×”）

1.库存现金日记账与库存现金总账都应逐日逐笔进行登记。（ ）

2.库存现金日记账是一种明细分类账，只需每月月末结出余额。（ ）

3.从银行提取现金，应编制现金收款凭证，并据以登记库存现金日记账。（ ）

4.清查库存现金发现短缺时，如有“白条”，其金额可以一并合计，以保证账实相符。（ ）

5.企业内部各部门周转使用并由各部门保管的现金不得在“库存现金”账户核算。（ ）

6.每日终了，企业必须将库存现金日记账余额与库存现金总账余额及现金实际库存数进行核对，以保证账账相符、账实相符。（ ）

7.企业采购商品或接受劳务采用银行汇票结算时，应通过“应付票据”账户核算。（ ）

8.企业收到银行汇票，应记入“应收票据”账户。（ ）

9.银行存款余额调节表是专门用于调整银行存款日记账的原始凭证。（ ）

10.企业月末签发转账支票一张，持票单位尚未到银行办理转账，会使银行存款日记账的余额小于银行对账单的余额。（ ）

11.企业可以根据银行存款余额调节表直接调整银行存款日记账的账面金额。（ ）

12.银行存款余额调节表不仅可以核对账目，还可以作为调整银行存款账面余额的原始凭证。（ ）

13.编制银行存款余额调节表时，银行对账单的余额应减去企业已收、银行未收的款项。（ ）

14.企业开出银行汇票应通过“应付票据”账户核算。（ ）

15.单位信用卡账户的资金可以从基本存款账户转入，或者交存现金，但是不得将销货收入的款项存入其账户。（ ）

16.某企业收到购货方以转账支票支付的货款，应通过“其他货币资金”账户核算。（ ）

17.企业向证券公司划出资金时，应按实际划出的金额，借记“其他货币资金——存出保证金”账户，贷记“银行存款”账户。（ ）

18.资产负债表“货币资金”项目应根据“库存现金”“银行存款”“其他货币资金”三个总账账户的期末余额合计数填列。（ ）

19.企业用银行本票购买办公用品，不会引起其他货币资金变动。（ ）

20.企业为取得信用证存入银行的保证金，会引起其他货币资金增加。（ ）

二、单项选择题（下列各题只有一个正确答案，请将正确答案填在括号内）

1.企业现金清查中，对无法查明原因的现金短缺，经批准后应（ ）。

A.借记“其他应收款”账户　　B.借记“管理费用”账户
C.借记“营业外支出”账户　　D.借记“资产减值损失”账户

2.企业现金清查中，对无法查明原因的现金溢余，经批准后应（　　）。

A.贷记“其他应付款”账户　　B.贷记“管理费用”账户
C.贷记“财务费用”账户　　D.贷记“营业外收入”账户

3.企业现金清查中，发现库存现金实存数比其账面余额少200元，在未查明原因前，应借记的账户是（　　）。

A.“营业外支出”　　B.“管理费用”
C.“待处理财产损溢”　　D.“其他应收款”

4.未单独设置“备用金”账户的企业，内部各部门周转使用的备用金的核算账户是（　　）。

A.“其他货币资金”　　B.“其他应收款”
C.“预收账款”　　D.“预付账款”

5.实行核定备用金制度的企业报销费用时，正确的账务处理是（　　）。

A.借：管理费用
　　贷：库存现金

B.借：其他应收款
　　贷：库存现金

C.借：管理费用
　　贷：其他应收款

D.借：库存现金
　　贷：其他应收款

6.采用专用记账凭证的企业，下列各项记账凭证不属于库存现金日记账登记依据的是（　　）。

A.现金收款凭证　　B.现金付款凭证
C.银行存款收款凭证　　D.银行存款付款凭证

7.甲公司持信用卡购买办公用品2 300元，收到银行转来信用卡存款的付款凭证及所附账单，经审核无误。甲公司应编制的会计分录是（　　）。

A.借：管理费用　　2 300
　　贷：银行存款　　2 300

B.借：管理费用　　2 300
　　贷：其他货币资金——信用卡存款　　2 300

C.借：管理费用　　2 300
　　贷：应付账款　　2 300

D.借：管理费用　　2 300
　　贷：其他应付款　　2 300

8.甲企业（增值税一般纳税人）向外地A公司销售产品一批，售价30 000元，增值税3 900元。货已发出，同时甲企业以银行存款为对方垫付运杂费500元，并已向银行办妥托收承付手续。则甲企业下列账务处理正确的是（　　）。

A.借：应收账款——A公司　　34 400
　　贷：主营业务收入　　30 000
　　　　应交税费——应交增值税（销项税额）　　3 900

贷：银行存款　500

B.借：其他应收款——A公司　33 900

　贷：主营业务收入　30 000

　　应交税费——应交增值税（销项税额）　3 900

C.借：其他应收款——A公司　500

　贷：银行存款　500

D.借：应收账款——A公司　34 400

　贷：主营业务收入　33 900

　　银行存款　500

9.甲企业持面值100 000元的银行本票向本市B公司购进材料一批，价款85 000元，增值税11 050元，取得增值税专用发票，材料已验收入库。同时收到银行转来的银行本票多余款收账通知。则甲企业下列账务处理正确的是（　　）。

A.借：原材料　85 000

　应交税费——应交增值税（进项税额）　11 050

　贷：银行存款　96 050

B.借：原材料　85 000

　应交税费——应交增值税（进项税额）　11 050

　库存现金　3 950

　贷：银行存款　100 000

C.借：原材料　85 000

　应交税费——应交增值税（进项税额）　11 050

　贷：其他货币资金——银行本票存款　96 050

D.借：原材料　85 000

　应交税费——应交增值税（进项税额）　11 050

　银行存款　3 950

　贷：其他货币资金——银行本票存款　100 000

10.下列各项不属于“其他货币资金”账户核算内容的是（　　）。

A.银行本票　B.信用卡

C.银行汇票　D.银行承兑汇票

11.企业存放在银行的银行本票存款的核算账户是（　　）。

A.应收票据　B.其他应收款

C.其他货币资金　D.库存现金

12.对于银行已收款而企业尚未入账的未达账项，企业正确的处理方法是（　　）。

A.以银行对账单为原始凭证将业务入账

B.根据银行存款余额调节表和银行对账单自制原始凭证入账

C.在编制银行存款余额调节表的同时入账

D.待有关结算凭证到达后入账

13.下列各项中，会导致企业银行存款日记账余额小于银行对账单余额的是（　　）。

A.企业收到购货方转账支票，但尚未送存银行

B.企业送存银行的转账支票，因开票方存款不足而被退票，企业未接到通知

C.企业开出用以支付货款的转账支票，对方未到银行兑现

D.银行代扣水电费，企业尚未接到通知

14.甲公司4月30日核对银行存款日记账与银行对账单，存在的下列事项中，属于“企业已付、银行未付”的是（　　）。

A.4月28日公司销售产品，收到转账支票一张，金额23 000元，银行尚未入账

B.4月28日公司开出转账支票一张，支付购买材料款58 500元，持票单位尚未向银行办理手续

C.4月30日银行代公司收取销货款24 600元，公司尚未收到收款通知

D.4月30日银行代公司付出电费17 000元，公司尚未收到付款通知

15.经过银行存款余额调节表调整后的银行存款余额为（　　）。

A.企业账上的银行存款余额

B.银行账上的企业存款余额

C.企业可动用的银行存款余额

D.企业应在财务报表中反映的银行存款余额

16.下列各项不通过“其他货币资金”账户核算的是（　　）。

A.信用证保证金存款　　B.备用金

C.外埠存款　　D.银行本票存款

17.企业将款项汇往外地开立采购专用账户时，应借记的账户是（　　）。

A.“材料采购”　　B.“在途物资”

C.“预付账款”　　D.“其他货币资金”

18.下列各项中，不会引起其他货币资金发生增减变动的是（　　）。

A.企业销售商品收到商业汇票

B.企业用银行本票购买办公用品

C.企业将款项汇往外地开立采购专用账户

D.企业为购买基金，将资金存入在证券公司指定银行开立的投资款专户

19.企业将款项汇往异地银行开立采购专户，则该笔业务产生的影响是（　　）。

A.“应收账款”增加，“其他货币资金”增加

B.“其他货币资金”增加，“银行存款”减少

C.“银行存款”增加，“其他货币资金”减少

D.“其他货币资金”和“银行存款”同时减少

20.企业存放在银行的银行汇票存款的核算账户是（　　）。

A.“其他货币资金”　　B.“银行存款”

C.“应收票据”　　D.“库存现金”

三、多项选择题（下列各题至少有两个正确答案，请将正确答案填在括号内）

1.采用专用记账凭证的企业，下列各项属于库存现金日记账登记依据的有（　　）。

A.现金收款凭证　　　　B.现金付款凭证

C.银行存款收款凭证　　　　D.银行存款付款凭证

2.根据企业会计准则的规定，核算现金溢余可能涉及的账户有（　　）。

A.待处理财产损溢　　　　B.管理费用

C.营业外收入　　　　D.其他应付款

3.根据企业会计准则的规定，核算现金短缺可能涉及的账户有（　　）。

A.待处理财产损溢　　　　B.管理费用

C.营业外支出　　　　D.其他应收款

4.下列各项符合企业会计准则规定的有（　　）。

A.属于无法查明原因的现金溢余，经批准后冲减管理费用

B.属于无法查明原因的现金短缺，经批准后计入管理费用

C.如果现金长短款是由于单据丢失或记账产生的差错，应补办手续入账或更正错误

D.企业内部周转使用的备用金，可以单独设置“备用金”账户核算，使用备用金和报销有关支出时都通过“备用金”账户核算

5.下列关于备用金核算的说法正确的有（　　）。

A.备用金核算方法有核定备用金制度和实报实销两种

B.在拨付或借支备用金时，对采用核定备用金制度和实报实销两种方式账务处理相同

C.采用核定备用金制度的单位报销费用时，借记相关账户，贷记“库存现金”账户

D.采用实报实销的单位报销费用时，借记相关账户，贷记“其他应收款”账户

6.甲企业对办公室的日常零星开支实行核定备用金制度，核定办公室主任李平的备用金定额为5 000元。1月10日，李平领取备用金；2月18日，李平报销业务招待费2 300元；5月10日，李平调离办公室，持未报销办公用品费凭证2 000元到会计部门办理结清手续。下列账务处理正确的有（　　）。

A.1月10日领取备用金，编制会计分录：

借：备用金——李平　　5 000

　　贷：库存现金　　5 000

B.2月18日报销招待费，编制会计分录：

借：管理费用——业务招待费　　2 300

　　贷：库存现金　　2 300

C.2月18日报销招待费，编制会计分录：

借：管理费用——业务招待费　　2 300

　　贷：备用金——李平　　2 300

D.5月10日办理结清手续，编制会计分录：

借：管理费用——办公费　　2 000

借：库存现金　　　　　　　　　　　　　　　　　3 000
　　贷：备用金——李平　　　　　　　　　　　　　　　5 000

7. 甲公司5月10日向开户银行申请办理面值100 000元的银行汇票一张；12日，甲公司采购员持该银行汇票向乙厂购买材料一批，价款80 000元，增值税10 400元，取得增值税专用发票；13日材料到达验收入库，同时收到银行转来多余款9 600元转回通知。假设甲公司与乙厂均为增值税一般纳税人，下列针对上述业务的账务处理正确的有（　　）。

A. 甲公司申请并取得银行汇票，编制会计分录：
借：其他货币资金——银行汇票存款　　　　　　100 000
　　贷：银行存款　　　　　　　　　　　　　　　　100 000

B. 甲公司持票购买材料，编制会计分录：
借：原材料　　　　　　　　　　　　　　　　　80 000
　　应交税费——应交增值税（进项税额）　　　　10 400
　　贷：其他货币资金——银行汇票存款　　　　　　　90 400

C. 甲公司收到多余款收款通知，编制会计分录：
借：银行存款　　　　　　　　　　　　　　　　　9 600
　　贷：其他货币资金——银行汇票存款　　　　　　　9 600

D. 乙厂销售货物收到银行汇票，编制会计分录：
借：银行存款　　　　　　　　　　　　　　　　90 400
　　贷：主营业务收入　　　　　　　　　　　　　　80 000
　　　　应交税费——应交增值税（销项税额）　　　　10 400

8. 下列未达账项中，会导致企业银行存款日记账余额小于银行对账单余额的有（　　）。

A. 企业送存支票，银行尚未入账
B. 企业开出支票，银行尚未支付
C. 银行代付电费，企业尚未收到付款通知
D. 银行代收货款，企业尚未收到收款通知

9. 下列各项属于未达账项的有（　　）。

A. 企业赊销商品，按购货协议于60天后收款
B. 企业将收取的转账支票送存银行，并登记银行存款增加，但银行尚未记账
C. 企业已开出转账支票，并登记银行存款减少，但收款单位尚未持票到银行办理转账，银行尚未记账
D. 银行代企业支付电费4 600元，并登记企业银行存款减少4 600元，而企业收到银行付款通知后，将银行存款减计46 000元

10. 下列各项应确认为企业其他货币资金的有（　　）。

A. 企业持有的3个月内到期的债券投资
B. 企业为购买股票向证券公司划出的资金
C. 企业汇往外地开立的临时采购专户的资金

D.企业向银行申请银行本票时交存的资金

11.下列各项应通过“其他货币资金”账户核算的有（　　）。

A.信用卡存款　　B.存出投资款

C.银行汇票存款　　D.外埠存款

12.下列各项业务应通过“其他货币资金”账户核算的有（　　）。

A.用银行本票购买办公用品

B.用信用证办理采购货款结算

C.销售商品收到商业汇票

D.为购买股票向证券公司划出资金

13.俊达有限公司5月5日采用汇兑方式汇往外地500 000元开立采购专户。5月20日，收到外地采购员交来的增值税专用发票等报销凭证，其中不含税货款400 000元，增值税52 000元，材料尚未验收入库。6月10日，该公司采购员完成了采购任务，将多余的外埠存款转回当地开户银行。假设俊达有限公司为增值税一般纳税人，下列账务处理正确的有（　　）。

A.汇出款项开立采购专户，编制会计分录：

借：其他货币资金——外埠存款　　500 000

　　贷：银行存款　　500 000

B.采购员交来报销凭证时，编制会计分录：

借：在途物资　　400 000

　　应交税费——应交增值税（进项税额）　　52 000

　　贷：其他货币资金——外埠存款　　452 000

C.采购任务完成，转回剩余款项，编制会计分录：

借：银行存款　　48 000

　　贷：其他货币资金——外埠存款　　48 000

D.采购员交来报销凭证时，编制会计分录：

借：在途物资　　400 000

　　应交税费——应交增值税（进项税额）　　52 000

　　贷：银行存款　　452 000

14.下列各项属于“其他货币资金”账户核算内容的有（　　）。

A.支票存款　　B.信用证保证金存款

C.存出投资款　　D.外埠存款

15.下列各项可使企业其他货币资金增加的有（　　）。

A.以存出投资款购买债券

B.将银行存款汇往外地银行开立的临时采购专户中

C.通过银行将人民币存款兑换为外币并存入银行

D.企业为了采购开出银行汇票

四、综合业务题

1.网桥科技有限公司为增值税一般纳税人，2019年发生如下与库存现金相关的业务：

（1）从开户银行提取现金58 500元，备发工资。

（2）出租包装物收取租金现金565元，开具发票注明金额500元、税额65元。

（3）零星销售产品共计收取现金3 000元，开具发票注明金额2 654.87元、税额345.13元。

（4）财务部职工李平报销差旅费1 800元，经查原出差借款2 000元，余款交回。

（5）用现金发放职工工资58 500元。

（6）将零星销货款3 000元现金送存银行。

（7）办公室员工王力出差预借差旅费2 000元，以现金付讫。

（8）公司办公室报销购买办公用品费用520元，以现金付讫。

（9）3月31日，公司对库存现金进行盘点，账存金额4 500元，实存金额4 400元。经调查，对上述盘亏现金作出如下处理意见：出纳员黄萍负有管理责任，由其赔偿50元，其余部分由公司负担。

（10）6月30日，公司对库存现金进行盘点，账存金额3 500元，实存金额3 600元。经调查，对上述盘盈现金作出如下处理意见：50元为出纳员少付李燕工资款，其余部分未能查明原因，按制度规定处理。

（11）公司办公室为满足日常零星开支需要，9月1日经申请批准设立定额备用金，数额3 000元，规定每隔一旬报销一次。设立时，财务部开出现金支票拨付定额备用金。

（12）9月11日，办公室凭票报销2 560元。

（13）年末，公司因情况变化决定取消定额备用金制度，办公室最后一次报销840元，并将多余款交还财务部。

要求：根据上述资料，编制会计分录。

2. 网桥科技有限公司为增值税一般纳税人，2019年发生如下与银行存款相关的业务：

（1）销售给甲单位管理软件一套，开具的增值税专用发票上注明金额44 247.79元、税额5 752.21元，收到甲单位开具的商业承兑汇票一张，金额50 000元。

（2）销售给乙学校教学软件一套，开具的增值税专用发票上注明金额42 477.88元、税额5 522.12元。货款采用委托收款结算方式，已办理电划委托手续。

（3）收到乙学校支付的货款共计48 000元。

（4）收到丙投资者投资款900 000元，款项存入银行。

（5）向A公司购入电脑10台，取得的增值税专用发票上注明金额61 946.91元、税额8 053.09元。电脑已验收入库，货款已电汇支付。

（6）通过银行转账向税务部门缴纳企业所得税120 000元。

（7）购入原材料一批，取得的增值税专用发票上注明金额8 300元、税额1 079元。款项已转账支付，材料已验收入库。

要求：根据上述资料，编制会计分录。

3.2019年5月31日，网桥科技有限公司银行存款日记账余额为38 625.14元，银行对账单余额为37 415元。经核对，双方未达账项如下：

（1）公司提供服务收到转账支票一张，金额3 610元，银行尚未入账。

（2）公司开出转账支票一张，支付购买材料款3 400.14元，持票单位尚未向银行办理手续。

（3）银行代公司收到销货款4 200元，公司尚未收到收款通知。

（4）银行代公司付出电费5 200.28元，公司尚未收到付款通知。

要求：根据上述资料，编制银行存款余额调节表。

4. 万达塑料印制有限责任公司核定库存现金限额5 000元，2019年1月30日库存现金日记账余额580元。1月份发生如下与库存现金相关的业务：

1日，签发现金支票从银行提取现金4 000元备用。

4日，收到出租包装物押金，现金2 000元。填制现金交款单将2 000元现金送存银行。

6日，业务经理张平出差借支差旅费1 500元，以现金支付。

7日，以现金支付卫生服务费980元。

11日，办公室张平出差归来报销差旅费1 790元，其中汽车费660元，市内交通费75元，住宿费875元（其中可抵扣增值税52.5元），出差补贴180元。差额以现金补付。

15日，签发现金支票从银行提取现金3 000元备用。

17日，收取李强违章操作罚款100元。

23日，清查库存现金发现短缺100元，原因待查。

24日，现金短缺原因查明，为出纳员方萍工作失误，方萍赔偿短缺现金。

29日，李笑报销差旅费1 267元，余款90元交回。

要求：

（1）编制万达塑料印制有限责任公司2019年1月份有关库存现金经济业务的记账凭证。

（2）建立并登记库存现金日记账。

5. 万达塑料印制有限责任公司为增值税一般纳税人，增值税适用税率为13%，存货日常核算采用实际成本法。2019年6月份发生如下经济业务：

2日，从本市光华工厂购进A材料，取得的增值税专用发票上注明金额10 000元、税额1 300元，货款签发转账支票支付，材料验收入库。

3日，填制银行汇票申请书，申请开具金额为400 000元的银行汇票。银行收妥款项并开出银行汇票。

4日，采购员持银行汇票到外地宏达工厂采购B材料，取得的增值税专用发票上注明金额300 000元、税额39 000元。B材料尚未到达。

5日，收到银行转来的向宏达工厂购货开出的银行汇票的多余款收账通知，收到多余款61 000元。

6日，向外地万丰工厂销售甲产品一批，开具的增值税专用发票上注明金额40 000元、税额5 200元。收到对方交来的银行汇票及解讫通知，汇票金额50 000元，根据实际结算金额填制进账单送存银行。

7日，填制银行本票申请书，申请开具金额为120 000元的银行本票。银行收妥款项并开出银行汇票。

8日，从本市光华工厂购进A材料，取得的增值税专用发票上注明金额102 000元、税额13 260元。以面值120 000元的银行本票结算，差额收到现金，材料验收入库。

9日，销售给本市利华工厂乙产品，开具的增值税专用发票上注明金额40 000元、税额5 200元。收到对方交来的银行本票一张，面值47 000元，差额1 800元以库存现金退回。

10日，向外地胜利工厂购进C材料，取得的增值税专用发票上注明金额400 000元、税额52 000元。上述款项以商业承兑汇票结算，材料当日到达验收入库。

11日，收到外地永安公司交来抵前欠本单位货款的银行承兑汇票一张，汇票面值400 000元、期限3个月。

13日，收到外地兴华公司信汇结算凭证进账通知联，汇来前欠货款44 000元。

14日，收到本市供电公司委托收款结算凭证，共计收取电费10 000元（其中7 000元为生产车间耗用，其余为管理部门耗用），审核无误，签发转账支票付款。

16日，向外地永安公司销售乙产品，货款200 000元，增值税26 000元，发货时以转账支票代对方垫付运费3 000元。填制托收承付结算凭证，连同有关单据一并送交银行。

21日，上述托收的永安公司货款划回，收到银行转来的托收凭证收账通知联。

22日，向滨海市工商银行申领牡丹卡（单位卡），填制信用卡申请表及有关资料，将款项40 000元从基本存款账户转入信用卡专户，银行开给信用卡。

26日，单位持卡人划卡购买办公用品，价款3 600元、增值税468元，取得增值税专用发票，办公用品当即交付有关部门使用。

要求：根据上述资料编制万达塑料印制有限责任公司6月份经济业务的会计分录。

任务二　交易性金融资产核算

学习重点与难点

知识点1-2　金融资产认知

金融资产认知见表1-9。

表 1-9 金融资产认知

项 目	内 容
金融资产判定	金融资产是指企业持有的现金、其他方权益工具以及符合下列条件之一的资产： ①从其他方收取现金或其他金融资产的合同权利。 ②在潜在有利条件下，与其他方交换金融资产或金融负债的合同权利。 ③将来须用或可用企业自身权益工具进行结算的非衍生工具合同，且企业根据该合同将收到可变数量的自身权益工具。 ④将来须用或可用企业自身权益工具进行结算的衍生工具合同，但以固定数量的自身权益工具交换固定金额的现金或其他金融资产的衍生工具合同除外
金融资产分类	根据企业管理金融资产的业务模式和金融资产的合同现金流量特征，金融资产一般划分为以下三类：以摊余成本计量的金融资产；以公允价值计量且其变动计入其他综合收益的金融资产；以公允价值计量且其变动计入当期损益的金融资产

技能点1-2 交易性金融资产核算与列报

交易性金融资产核算与列报见表1-10。

表 1-10 交易性金融资产核算与列报

项 目	内 容
账户设置	“交易性金融资产”“公允价值变动损益”等
初始取得	借：交易性金融资产——成本（公允价值） 　　应收股利（已宣告但尚未发放的现金股利） 　　应收利息（已到付息期但尚未领取的债券利息） 　　投资收益（交易费用） 　　应交税费——应交增值税（进项税额）（可抵扣的增值税） 　　贷：其他货币资金等（实际支付的总价款）
	注： 1. 企业取得交易性金融资产应当按照该交易性金融资产取得时的公允价值作为其初始入账金额 2. 取得交易性金融资产所支付的价款中包含的已宣告但尚未发放的现金股利或已到付息期但尚未领取的债券利息，应单独确认为应收项目，不构成交易性金融资产的成本 3. 取得交易性金融资产发生的交易费用应冲减投资收益。交易费用是指可直接归属于购买、发行或处置金融工具的增量费用。增量费用是指企业没有发生购买、发行或处置相关金融工具的情形就不会发生的费用，包括支付给代理机构、咨询公司、券商、证券交易所、政府有关部门等的手续费、佣金、相关税费及其他必要支出，不包括债券溢折价、融资费用、内部管理成本和持有成本等与交易不直接相关的费用
后续计量	交易性金融资产采用公允价值进行后续计量，在资产负债表日公允价值变动计入当期损益（公允价值变动损益）。 公允价值大于账面价值的： 借：交易性金融资产——公允价值变动 　　贷：公允价值变动损益 公允价值小于账面价值的，会计分录与上相反

续表

项目	内容
宣告分配股利或计提利息	企业持有交易性金融资产期间对于被投资单位宣告发放的现金股利或已到付息期但尚未领取的债券利息，应确认为应收项目，同时计入投资收益。 借：应收股利或应收利息 　　贷：投资收益
出售	出售交易性金融资产时，应将出售时的公允价值与其账面余额之间的差额确认为投资收益。 借：其他货币资金等（实际收到的售价净额） 　　贷：交易性金融资产——成本 　　　　　　　　　　——公允价值变动（或借方） 　　　　投资收益（差额倒挤，损失记借方，收益记贷方）
列报	资产负债表中"交易性金融资产"项目，反映企业资产负债表日分类为以公允价值计量且其变动计入当期损益的金融资产，以及企业持有的直接指定为以公允价值计量且其变动计入当期损益的金融资产的期末账面价值。该项目应根据"交易性金融资产"账户的相关明细账户期末余额分析填列。自资产负债表日起超过一年到期且预期持有超过一年的以公允价值计量且其变动计入当期损益的非流动金融资产的期末账面价值，在"其他非流动金融资产"项目反映

职业判断能力训练

知识点1-2 金融资产认知

一、判断题（下列各题正确的在括号内打"√"，错误的打"×"）

1. 预付账款因其产生的未来经济利益是商品或服务，不是收取现金或其他金融资产的权利，不符合金融资产的定义，因此不属于金融资产。（　　）

2. 银行向企业客户发放的固定利率的贷款，在没有其他特殊安排的情况下，该贷款应当分类为以摊余成本计量的金融资产。（　　）

3. 企业持有的普通债券，如果企业管理该债券的业务模式既以收取合同现金流量为目标又以出售该债券为目标，则该债券应当分类为以公允价值计量且其变动计入其他综合收益的金融资产。（　　）

二、单项选择题（下列各题只有一个正确答案，请将正确答案填在括号内）

1. 下列账户中，用于核算以摊余成本计量的金融资产的是（　　）。

A. "债权投资"　　B. "其他债权投资"

C. "交易性金融资产"　　D. "公允价值变动损益"

2. 企业核算以公允价值计量且其变动计入当期损益的金融资产的账户是（　　）。

A. "债权投资"　　B. "其他债权投资"

C. "交易性金融资产"　　D. "公允价值变动损益"

三、多项选择题（下列各题至少有两个正确答案，请将正确答案填在括号内）

1.金融资产是指企业持有的现金、其他方权益工具，以及符合下列条件之一的资产（ ）。

A.从其他方收取现金或其他金融资产的合同权利

B.在潜在有利条件下，与其他方交换金融资产或金融负债的合同权利

C.将来须用或可用企业自身权益工具进行结算的非衍生工具合同，且企业根据该合同将收到可变数量的自身权益工具

D.将来须用或可用企业自身权益工具进行结算的衍生工具合同，但以固定数量的自身权益工具交换固定金额的现金或其他金融资产的衍生工具合同除外

2.根据《企业会计准则第22号——金融工具确认和计量》的规定，企业应当根据（ ）对金融资产进行合理的分类。

A.其管理金融资产的业务模式　　B.金融资产的合同现金流量特征

C.金融资产持有目的　　D.金融资产取得方式

技能点1-2 交易性金融资产核算与列报

一、判断题（下列各题正确的在括号内打“√”，错误的打“×”）

1.企业为取得交易性金融资产发生的交易费用应计入交易性金融资产初始确认金额。（ ）

2.资产负债表日交易性金融资产的公允价值变动应计入投资收益。（ ）

3.企业取得交易性金融资产时所支付的价款中包含的已到付息期但尚未领取的债券利息，构成该交易性金融资产的初始入账金额。（ ）

4.企业持有交易性金融资产期间对于被投资单位宣告发放的现金股利或已到付息期但尚未领取的债券利息，应确认为投资收益。（ ）

5.出售交易性金融资产时应将其公允价值与账面余额之间的差额确认为投资收益。（ ）

6.企业出售交易性金融资产时，应将原计入公允价值变动损益的该金融资产的公允价值变动转出，由公允价值变动损益转入投资收益。（ ）

二、单项选择题（下列各题只有一个正确答案，请将正确答案填在括号内）

1.甲公司为增值税一般纳税人，2019年3月1日购入A公司发行的公司债券，支付价款500万元，其中包括已到付息期但尚未领取的债券利息10万元，另支付相关交易费用2万元，取得的增值税专用发票上注明的税额为0.12万元。甲公司将其划分为交易性金融资产进行核算，该项交易性金融资产的初始入账金额为（ ）万元。

A.502　　B.492　　C.500　　D.490

2.在资产负债表日，企业计算确认所持有的交易性金融资产的公允价值低于其账面余额的金额，应借记的账户是（ ）。

A.“营业外支出”　　B.“投资收益”

C.“公允价值变动损益”　　D.“其他业务成本”

3.2018年12月3日，甲公司从上海证券交易所购入乙公司股票10万股，将其划分为交易性金融资产管理。购买日支付价款250万元，另支付交易费用0.6万元、增值税0.36万元。2018年12月31日，该股票的公允价值为259万元，不考虑其他因素，甲公司2018年利润表“公允价值变动损益”项目本期金额为（　　）万元。

A.9　　B.9.6　　C.0.6　　D.8.04

4.2019年8月5日，甲公司从深圳证券交易所购买A公司股票100万股，每股购买价格为7元，另支付相关交易费用25 000元，增值税专用发票上注明税额1 500元。甲公司将其划分为交易性金融资产管理。若当年12月31日，该股票的公允价值为每股9元，则该交易性金融资产的账面价值应确认为（　　）万元。

A.702.5　　B.700　　C.900　　D.900.5

5.甲公司2019年8月1日从上海证券交易所购入乙公司普通股股票100万股，作为交易性金融资产管理，每股支付购买价款40元，另支付相关交易费用5万元，暂不考虑增值税。2019年12月31日该股票的公允价值为43元/股，则甲公司购入该项金融资产对当年损益的影响金额为（　　）万元。

A.300　　B.295　　C.305　　D.0

6.企业取得一项交易性金融资产，在持有期间，对于被投资单位宣告分派的股票股利，下列做法中正确的是（　　）。

A.按分得的金额计入营业外收入

B.按企业应分得的金额计入当期投资收益

C.被投资单位宣告分派股票股利，投资单位无须进行账务处理

D.企业应当在实际收到时才进行账务处理

7.甲公司2019年5月8日将持有的交易性金融资产全部出售，出售前该交易性金融资产的账面价值为3 000万元（其中成本2 900万元，公允价值变动100万元）。出售价款为3 200万元，款项已收存银行。不考虑增值税等相关因素，该交易对当月损益的影响金额为（　　）万元。

A.200　　B.300　　C.100　　D.0

三、多项选择题（下列各题至少有两个正确答案，请将正确答案填在括号内）

1.下列各项中，关于交易性金融资产的账务处理表述正确的有（　　）。

A.取得时支付的价款中包含的应收股利计入初始成本

B.取得时支付的相关交易费用计入投资收益

C.持有期间发生的公允价值变动计入公允价值变动损益

D.持有期间被投资单位宣告发放的现金股利计入投资收益

2.企业取得交易性金融资产支付的总价款中，不应当计入交易性金融资产入账价值的有（　　）。

A.支付给咨询公司的佣金

B.支付给代理机构的手续费

C.取得时已宣告但尚未发放的现金股利

D.取得时已到付息期但尚未领取的债券利息

3.企业持有交易性金融资产期间，对于持有的分期付息到期还本的债券投资，在计息日进行相关账务处理时可能涉及的账户有（　　）。

A.“投资收益”　　　　B.“营业外收入”

C.“公允价值变动损益”　　　　D.“应收利息”

4.下列关于交易性金融资产的表述中，正确的有（　　）。

A.取得交易性金融资产时支付的价款中包含的交易费用应单独作为投资收益处理

B.交易性金融资产在持有期间收到的购入前被投资单位已宣告但尚未发放的现金股利计入当期损益

C.交易性金融资产在资产负债表日的公允价值变动会影响营业利润

D.处置交易性金融资产时应将持有期间发生的公允价值变动损益转入投资收益

5.甲公司2019年7月1日从证券交易所购入乙公司2019年1月1日发行的债券，支付价款为2 100万元（含已到付息期但尚未领取的债券利息40万元），另支付交易费用15万元、增值税0.9万元。该债券面值为2 000万元，票面利率为4%（票面利率等于实际利率），每半年付息一次，甲公司将其划分为交易性金融资产。甲公司的下列账务处理（单位：万元）正确的有（　　）。

A.2019年7月1日购入债券时账务处理为：

借：交易性金融资产——乙公司债券——成本	2 060	
应收利息	40	
投资收益	15	
应交税费——应交增值税（进项税额）	0.9	
贷：其他货币资金——存出投资款		2 115.9

B.2019年7月5日，收到购买价款中包含的债券利息40万元，编制会计分录：

借：其他货币资金——存出投资款	40	
贷：应收利息		40

C.2019年12月31日，确认2019年下半年利息，编制会计分录：

借：应收利息	40	
贷：投资收益		40

D.甲公司2019年该项交易性金融资产应确认的投资收益为25万元

6.甲公司2018年1月1日购入面值为1 000万元、年利率为5%的A公司债券。取得时支付价款1 050万元，其中含已到付息期但尚未领取的利息50万元，另支付交易费用5万元，甲公司将该项金融资产划分为交易性金融资产。2018年1月5日，收到购买时价款中所含的利息50万元。2018年12月31日，A公司债券的公允价值为1 050万元。2019年1月5日，收到A公司债券2018年度的利息50万元。2019年3月31日，甲公司出售A公司债券，售价为1 100万元。不考虑增值税等相关因素，甲公司下列账务处理正确的有（　　）。

A.2018年1月1日，购入A公司债券时，交易费用5万元，记入“投资收益”账户借方

B.2018年12月31日，计提债券利息50万元，记入“投资收益”账户贷方

C.2019年3月31日，出售债券确认投资收益50万元

D.甲公司从购入至出售累计确认投资收益95万元

四、不定项选择题

甲公司为增值税一般纳税人，2019年发生的与交易性金融资产有关的业务如下：

(1) 1月5日，向证券公司存出投资款2 000万元。同日，委托证券公司购入乙上市公司股票70万股，支付价款605万元（其中包含已宣告但尚未发放的现金股利5万元），另支付相关交易费用1.25万元，支付增值税0.075万元，甲公司将该项股票投资确认为交易性金融资产。

(2) 3月10日，收到乙上市公司发放的现金股利并存入银行的投资款专户；3月31日，持有的乙上市公司股票公允价值为580万元。

(3) 4月30日，将乙上市公司股票70万股全部出售，售价为700万元，转让该金融商品应交增值税为5.38万元，款项已收到。

要求：根据上述资料，假定该企业取得的增值税专用发票均已经税务机关认证，不考虑其他因素，分析回答下列问题。

(1) 根据业务(1)，甲公司购买股票应记入“交易性金融资产——成本”账户的金额是（ ）万元。

A.595　　B.601.25　　C.600　　D.601.35

(2) 根据业务(1)和(2)，3月10日甲公司收到乙上市公司发放的现金股利的账务处理（单位：万元）正确的是（ ）。

A.借：银行存款　5
　　贷：应收股利　5

B.借：其他货币资金——存出投资款　5
　　贷：投资收益　5

C.借：银行存款　5
　　贷：投资收益　5

D.借：其他货币资金——存出投资款　5
　　贷：应收股利　5

(3) 根据业务(1)和(2)，甲公司3月31日相关账户的账务处理结果正确的是（ ）。

A.借记“公允价值变动损益”账户20万元

B.贷记“交易性金融资产——公允价值变动”账户15万元

C.贷记“交易性金融资产——公允价值变动”账户20万元

D.借记“投资收益”账户15万元

(4) 根据业务(1)至(3)，甲公司4月30日出售乙上市公司股票时的账务处理结果正确的是（ ）。

A.增值税（销项税额）减少5.38万元

B.投资净收益增加114.62万元

C.其他货币资金（存出投资款）增加600万元

D.交易性金融资产（成本）减少600万元

（5）根据业务（1）至（3），该项股票投资对甲公司2019年度营业利润的影响金额为（ ）万元。

A.93.37　　B.100　　C.98.75　　D.114.62

任务三 应收及预付款项核算

学习重点与难点

知识点1-3 应收及预付款项认知

应收及预付款项是指企业在日常生产经营过程中发生的各项债权，包括应收票据、应收账款、应收股利、应收利息、其他应收款和预付账款。应收及预付款项认知见表1-11。

表1-11 应收及预付款项认知

项　目	内　容	
应收票据	定义	应收票据是指企业因销售商品、提供劳务等收到的商业汇票
	确认	应收票据应在企业收到商业汇票时确认
	计量	收到商业汇票无论是否带息，均以面值为应收票据初始入账价值。带息商业汇票期末按面值和确定利率计提的利息也计入应收票据
应收账款	定义	应收账款是指企业因销售商品、提供劳务等业务应向购货单位或接受劳务单位收取的款项
	确认	应收账款与销售收入同步确认
	计量	应收购货方合同价款为应收账款初始计量金额。有商业折扣的，为扣除商业折扣后的金额；有现金折扣的，为扣除现金折扣前的金额
预付账款	定义	预付账款是企业按照合同规定预先支付给供货单位或劳务提供单位的款项
	确认与计量	支付预付款时，按实际预付金额计量
应收股利	定义	应收股利是指企业应收取的现金股利和应收取其他单位分配的利润
应收利息	定义	应收利息是指企业根据合同或协议规定应向债务人收取的利息
其他应收款	内容	应收各种赔款、罚款；应收出租物租金；应向职工收取的各种垫付款项；存出保证金；向企业职能科室等拨付的备用金及其他各种应收暂付款

技能点1-3 应收及预付款项核算与列报

一、应收票据核算

应收票据核算见表1-12。

表1-12 应收票据核算

项目			内容	
账户设置			“应收票据”，资产类账户	
一般业务账务处理			不带息票据	带息票据
一般业务账务处理	商业承兑汇票	收到商业汇票	借：应收票据 　贷：主营业务收入 　　应交税费——应交增值税（销项税额）	同不带息票据
一般业务账务处理	商业承兑汇票	计提利息	—	借：应收票据 　贷：财务费用
一般业务账务处理	商业承兑汇票	票据到期	借：银行存款 　贷：应收票据	借：银行存款（实收款项） 　贷：应收票据（账面余额） 　　财务费用（未计提利息）
一般业务账务处理	商业承兑汇票	票款无法收回	借：应收账款 　贷：应收票据	同不带息票据
一般业务账务处理	银行承兑汇票		银行承兑汇票由于银行负有到期付款的连带责任，因此票据到期收款方一定能收到票款。其他情形下账务处理与商业承兑汇票完全相同。	
贴现	贴现计算		票据到期值=票据面值+票据利息 票据贴现息=票据到期值×贴现率×贴现期 票据贴现净额=票据到期值-票据贴现息	
贴现	账务处理		借：银行存款（贴现净额） 　财务费用（差额） 　贷：应收票据（账面余额）	

二、应收账款核算

应收账款核算见表1-13。

表1-13 应收账款核算

项目			内容
核算方法			总价法和净价法。我国会计实务采用总价法，即企业按扣除现金折扣前的金额确定商品销售收入和应收账款，将产生的现金折扣记入“财务费用”账户
账户设置			“应收账款”，资产类账户
账务处理	没有现金折扣	销售实现	借：应收账款（价款+增值税+代垫运杂费等） 　贷：主营业务收入/其他业务收入 　　应交税费——应交增值税（销项税额） 　　银行存款（代垫运杂费等）
账务处理	没有现金折扣	收回货款	借：银行存款 　贷：应收账款
账务处理	有现金折扣	销售实现	同没有现金折扣情形
账务处理	有现金折扣	购买方享受现金折扣	借：银行存款 　财务费用（现金折扣） 　贷：应收账款
账务处理	有现金折扣	购买方不享受现金折扣	借：银行存款 　贷：应收账款
账务处理	商业汇票抵付应收账款		借：应收票据 　贷：应收账款

三、预付账款核算

预付账款核算见表1-14。

表1-14　预付账款核算

<table>
<tr><th>项　目</th><th colspan="3">内　容</th></tr>
<tr><td>账户设置</td><td colspan="3">“预付账款”，资产类账户；预付款项不多的可直接在“应付账款”账户核算</td></tr>
<tr><td rowspan="3">账务处理</td><td>预付货款时</td><td colspan="2">借：预付账款
　　贷：银行存款</td></tr>
<tr><td>收到购进货物</td><td>借：在途物资等
　　应交税费——应交增值税（进项税额）
　　贷：预付账款（实际结算款）</td><td rowspan="2">若收到购进货物的同时补付货款：
借：在途物资等
　　应交税费——应交增值税（进项税额）
　　贷：预付账款（预付款项）
　　　　银行存款（补付款项）</td></tr>
<tr><td>补付货款时</td><td>借：预付账款
　　贷：银行存款</td></tr>
</table>

四、应收股利和应收利息核算

应收股利和应收利息核算见表1-15。

表1-15　应收股利和应收利息核算

<table>
<tr><th>项　目</th><th colspan="2">内　容</th></tr>
<tr><td rowspan="2">应收股利</td><td colspan="2">“应收股利”，资产类账户</td></tr>
<tr><td>被投资单位宣告分配股利时：
借：应收股利
　　贷：投资收益（交易性金融资产持有期间）</td><td>实际收到股利时：
借：其他货币资金（上市公司）
　　银行存款（非上市公司）
　　贷：应收股利</td></tr>
<tr><td rowspan="2">应收利息</td><td colspan="2">“应收利息”，资产类账户</td></tr>
<tr><td>计提利息时：
借：应收利息
　　贷：投资收益</td><td>实际收到利息时：
借：银行存款
　　贷：应收利息</td></tr>
</table>

五、其他应收款核算

其他应收款核算见表1-16。

表1-16　其他应收款核算

<table>
<tr><th>项目</th><th colspan="2">内　容</th></tr>
<tr><td>账户设置</td><td colspan="2">“其他应收款”，资产类账户</td></tr>
<tr><td>账务处理</td><td>发生时：
借：其他应收款
　　贷：银行存款等</td><td>还款（核销）时：
借：管理费用等（如核销预支差旅费）
　　贷：其他应收款
　　　　银行存款等（借或贷）</td></tr>
</table>

六、应收款项减值核算

应收款项减值核算见表1-17。

表 1-17　　应收款项减值核算

<table>
<tr><th colspan="2">项　目</th><th colspan="3">内　容</th></tr>
<tr><td colspan="2">减值损失确认</td><td colspan="3">应收款项符合下列条件之一的，可以判断该项应收款项发生了减值：
①债务人发生严重财务困难；
②债务人违反了合同条款，如发生违约或逾期等；
③债权人出于经济或法律等方面因素的考虑，对发生财务困难的债务人作出让步；
④债务人很可能倒闭或进行其他财务重组；
⑤其他表明应收款项发生减值的客观证据</td></tr>
<tr><td colspan="2">减值损失计量</td><td colspan="3">应收款项发生减值时，应当将该应收款项的账面价值减记至预计未来现金流量现值，减记的金额确认为信用减值损失，计入当期损益。
具体方法有：应收款项余额百分比法、账龄分析法和个别认定法</td></tr>
<tr><td colspan="2" rowspan="6">减值损失账务处理</td><td rowspan="3">直接转销法</td><td>处理方法</td><td>不预计坏账损失，发生时直接冲销应收账款：
借：信用减值损失
　　贷：应收账款</td></tr>
<tr><td>优点</td><td>简单、实用</td></tr>
<tr><td>缺点</td><td>不符合权责发生制原则和资产定义</td></tr>
<tr><td rowspan="3">备抵法</td><td>处理方法</td><td>按照一定方法估计坏账损失，实际发生时冲销坏账准备和应收款项</td></tr>
<tr><td>优点</td><td>报表列示应收款项净值，可收回金额较为准确</td></tr>
<tr><td>缺点</td><td>需要根据经验以及经济环境等因素作出合理估计，具有不确定性</td></tr>
<tr><td rowspan="5">备抵法</td><td>账户设置</td><td colspan="3">①“坏账准备”，资产类账户，也是“应收账款”备抵调整账户；
②“信用减值损失”，损益类账户</td></tr>
<tr><td rowspan="4">账务处理</td><td>坏账准备计提</td><td colspan="2">当期应计提的坏账准备=应收款项期末余额×坏账准备计提比例-“坏账准备”调整前余额（若为借方余额则为负数）
借：信用减值损失——计提的坏账准备
　　贷：坏账准备</td></tr>
<tr><td>发生坏账</td><td colspan="2">借：坏账准备
　　贷：应收账款</td></tr>
<tr><td>收回已冲销的坏账</td><td colspan="2">借：银行存款
　　贷：坏账准备</td></tr>
<tr><td>冲减多提的坏账准备</td><td colspan="2">借：坏账准备
　　贷：信用减值损失——计提的坏账准备</td></tr>
</table>

职业判断能力训练

知识点 1-3　应收及预付款项认知

一、判断题（下列各题正确的在括号内打“√”，错误的打“×”）

1.商业承兑汇票付款人收到开户银行付款通知五日内应通知银行付款。　　（　　）

2. 银行承兑汇票出票人在汇票到期前未能足额交存票款的，承兑银行不向持票人支付款项。（ ）

3. 无论企业收到的商业汇票是否带息，应收票据均应按到期值入账。（ ）

4. 预付账款明细账的贷方余额反映的是应付账款。（ ）

5. 预付账款是企业销售货物预先收到的款项，属于企业的资产。（ ）

6. 企业租入包装物支付的押金应计入应收账款。（ ）

二、单项选择题（下列各题只有一个正确答案，请将正确答案填在括号内）

1. 下列各项不构成应收账款入账价值的是（ ）。

A. 确认主营业务收入时尚未收到的价款

B. 代购货方垫付的包装费

C. 代购货方垫付的运杂费

D. 销售货物发生的商业折扣

2. 预收款项不多的企业可不设“预收账款”账户，直接将预收款项记入（ ）账户。

A. “预付账款”　　B. “应付账款”

C. “应收账款”　　D. “短期借款”

3. 下列各项属于应收账款核算内容的是（ ）。

A. 应收个人欠款　　B. 应收销货款

C. 应收租金　　D. 应收股利

4. 企业确认销售收入时，下列各项不影响应收账款入账金额的是（ ）。

A. 销售价款　　B. 增值税销项税额

C. 现金折扣　　D. 销售产品代垫的运杂费

5. 下列各项属于其他应收款核算内容的是（ ）。

A. 出租包装物收取的押金　　B. 为职工垫付的水电费

C. 代购货方垫付的销售商品运费　　D. 销售商品未收到的货款

6. 下列各项不应在“其他应收款”账户核算的是（ ）。

A. 租入包装物支付的押金　　B. 为职工垫付的房租

C. 应收出租包装物租金　　D. 出租包装物收取的押金

三、多项选择题（下列各题至少有两个正确答案，请将正确答案填在括号内）

1. 下列关于预付账款的表述正确的有（ ）。

A. 预付账款属于企业资产

B. 预付账款是因购货等行为而发生的

C. 预付款项不多的企业可以将预付款项记入“应收账款”账户的贷方

D. 预付账款的减少是在企业收到购买的商品时

2. 下列各项属于“其他应收款”账户核算内容的有（ ）。

A. 应收赔款、罚款　　B. 应收出租包装物的租金

C. 租入包装物付出的押金　　D. 应向职工收取的代垫房租

技能点1-3 应收及预付款项核算与列报

一、判断题（下列各题正确的在括号内打“√”，错误的打“×”）

1. 企业持有的已到期应收票据，如有确凿证据证明不能收回或收回的可能性不大时，应将其账面余额转入应收账款。（　）

2. 商业汇票的贴现期是指从票据签发日到贴现日的时间。（　）

3. 企业不带息汇票的贴现净额一定小于票据面值，企业带息汇票的贴现净额不一定小于票据面值。（　）

4. 到期不能收回的应收票据应直接计提坏账准备。（　）

5. “应收账款”账户期末余额一般在借方，若期末余额在贷方，表示企业预收的账款。（　）

6. 存在现金折扣的情况下，应收账款应按发票价格减去现金折扣后的净额入账。（　）

7. 销货方给予购买方的现金折扣会计上应作为财务费用处理。（　）

8. 现金折扣和商业折扣均应在折扣实际发生时确认为当期财务费用。（　）

9. 不单独设置“预收账款”账户的企业发生的预收账款可以在“预付账款”账户核算。（　）

10. 若预付账款小于采购货物所需支付的款项，收到货物时差额部分应记入“应付账款”账户贷方。（　）

11. “其他应收款”账户的借方登记其他应收款的增加金额，贷方登记其他应收款的收回金额，期末余额一般在贷方，反映企业尚未收回的其他应收款项。（　）

12. 企业收到的押金应通过“其他应收款”账户核算。（　）

13. 企业已计提坏账准备的应收账款确实无法收回，按管理权限报经批准作为坏账转销时，应编制的会计分录为借记“信用减值损失”账户，贷记“应收账款”账户。（　）

14. 企业在选择应收账款减值的核算方法时，应根据企业实际情况，按照成本效益原则，在备抵法和直接转销法之间合理选择。（　）

15. 企业应收款项发生减值时，应将该应收款项账面价值高于预计未来现金流量现值的差额确认为减值损失，并计提坏账准备。（　）

16. 已转销的坏账损失又收回时，应减少企业的坏账准备。（　）

17. 企业预付账款，如因供货单位破产而无望再收到所购货物的，应将该预付账款转入其他应收款，并计提坏账准备。（　）

18. 在备抵法下，企业将不能收回的应收账款确认为坏账损失时，坏账金额应计入信用减值损失，并冲销相应的应收账款。（　）

19. 会计期末，企业用一定方法计算出的应提取的坏账准备大于“坏账准备”账面余额的，应按其差额冲减多提的坏账准备。（　）

二、单项选择题（下列各题只有一个正确答案，请将正确答案填在括号内）

1.甲公司为增值税一般纳税人，6月6日销售产品一批，货款1 000万元，增值税税率13%。销售当日甲公司收到购货方一张3个月到期的商业承兑汇票，则甲公司应收票据的入账金额是（　　）万元。

A.1 034　　B.830　　C.1 130　　D.1 000

2.甲公司为增值税一般纳税人，12月1日从乙公司购入A材料1 000千克，单价50元/千克，增值税税率13%，当日以将于12月15日到期的票面金额51 000元的应收丙公司商业承兑汇票抵偿购料款，差额部分银行转账结清。则甲公司此业务账务处理“银行存款”账户的方向和金额为（　　）。

A.借方1 000元　　B.贷方1 000元　　C.借方5 500元　　D.贷方5 500元

3.应收票据贴现息应记入的账户是（　　）。

A.“财务费用”　　B.“销售费用”

C.“营业外支出”　　D.“利息收入”

4.“应收票据”账户应以（　　）为入账金额。

A.票据面值　　B.票据到期价值

C.票据面值加应计利息　　D.票据贴现额

5.某企业于2019年2月28日签发一张期限为5个月的商业承兑汇票，则该票据到期日为（　　）。

A.7月28日　　B.7月30日　　C.7月31日　　D.8月1日

6.某企业于2019年5月20日签发一张期限为90天的商业承兑汇票，则该票据到期日为（　　）。

A.8月15日　　B.8月16日　　C.8月17日　　D.8月18日

7.某企业销售商品一批，含税价款113万元，适用增值税税率13%，为购买方代垫包装费2万元，款项尚未收回，该企业应确认的应收账款为（　　）万元。

A.115　　B.100　　C.102　　D.113

8.某企业在2019年10月8日销售商品100件，增值税专用发票上注明金额10 000元、税额1 300元。企业为能及早收回货款，在合同中规定现金折扣条件为“2/10，1/20，n/30”。假定计算现金折扣时不考虑增值税。若买方2019年10月14日付清货款，该企业实际收款金额应为（　　）元。

A.11 466　　B.11 100　　C.11 583　　D.11 300

9.某企业赊销商品一批，商品标价10 000元（不含增值税），增值税税率13%，企业销售商品代垫运费220元，不考虑其他因素，应收账款入账金额为（　　）元。

A.10 000　　B.1 300　　C.11 300　　D.11 520

10.某企业赊销商品一批，商品标价10 000元，商业折扣20%，增值税税率13%，现金折扣条件为“2/10，n/30”。企业销售商品代垫运费200元，则应收账款入账金额为（　　）元。

A.9 480　　B.9 240　　C.11 300　　D.11 600

11.企业收回应收账款时发生的现金折扣应作为（　　）处理。

A.营业收入减少　　B.营业费用增加

C.管理费用增加　　D.财务费用增加

12.某企业某月销售商品发生商业折扣20万元、现金折扣15万元、销售折让25万元。该企业上述业务计入当月财务费用的金额为（　　）万元。

A.15　　B.20　　C.35　　D.45

13.某企业不单独设置“预收账款”账户，“应收账款”账户期初余额为零。2019年5月8日销售商品一批，货款10 000元，增值税税率13%，款项尚未收到。2019年5月30日，预收货款10 000元。2019年5月31日“应收账款”账户的余额为（　　）元。

A.10 000　　B.11 300　　C.21 600　　D.1 300

14.甲公司在不单独设置“预付账款”账户的情况下，对预付材料款进行账务处理时应（　　）。

A.借记“应收账款”账户　　B.贷记“应收账款”账户

C.借记“应付账款”账户　　D.贷记“应付账款”账户

15.当企业预付货款小于采购货物所需支付的款项时，补付款时贷记“银行存款”账户，借记的账户是（　　）。

A.“预付账款”　　B.“应付账款”

C.“其他应付款”　　D.“其他应收款”

16.下列各项应记入“预付账款”账户借方的是（　　）。

A.收到货物验收入库　　B.预付购货款

C.收到购货款　　D.发出商品

17.企业支付包装物押金时，应借记的账户是（　　）。

A.“应收账款”　　B.“应收票据”

C.“其他应收款”　　D.“预付账款”

18.企业已计提坏账准备的应收账款确实无法收回，按管理权限报经批准作为坏账转销时，应编制的会计分录是（　　）。

A.借记“信用减值损失”账户，贷记“坏账准备”账户

B.借记“管理费用”账户，贷记“应收账款”账户

C.借记“坏账准备”账户，贷记“应收账款”账户

D.借记“坏账准备”账户，贷记“信用减值损失”账户

19.下列各项应记入“坏账准备”账户借方的是（　　）。

A.企业对当期增加的某项应收账款计提坏账准备

B.收回过去已确认并转销的坏账

C.期末“坏账准备”账户余额为贷方，且大于计提前坏账准备余额

D.发生坏账

20.某企业2019年12月31日应收账款账面余额为1 200万元，预计未来现金流量现值为600万元。计提坏账准备前，“坏账准备”账户贷方余额350万元，不考虑其他因素，当日该企业应计提的坏账准备为（　　）万元。

A.250　　B.600　　C.350　　D.1 200

21. 某企业2019年11月30日“坏账准备——应收账款”账户贷方余额为30万元，12月31日“应收账款”所属明细账户借方余额为500万元，经减值测试，该应收账款预计未来现金流量现值为410万元。不考虑其他因素，该企业2019年12月31日应确认的信用减值损失为（　　）万元。

A.120　　B.30　　C.60　　D.90

22. 某企业2019年12月初“坏账准备”账户贷方余额为6万元，12月31日“应收账款”账户借方余额100万元，经减值测试，应收账款预计未来现金流量现值为95万元，则2019年年末应计提的坏账准备金额为（　　）万元。

A.−1　　B.1　　C.5　　D.11

23. 某公司2019年年初“坏账准备——应收账款”账户贷方余额为3万元，3月20日收回已核销的坏账12万元并入账。12月31日“应收账款”账户余额为220万元（所属明细账户均为借方余额），预计未来现金流量现值为200万元。不考虑其他因素，2019年年末该公司应计提的坏账准备金额为（　　）万元。

A.17　　B.29　　C.20　　D.5

24. 在应收账款计提坏账准备的情况下，已确认的坏账又收回时，应借记（　　）账户，贷记“坏账准备”账户。

A. “其他应收款”　　B. “应收账款”

C. “营业外收入”　　D. “信用减值损失”

25. 企业在连续提取坏账准备的情况下，“坏账准备”账户在期末结账前如为贷方余额，其反映的内容是（　　）。

A. 已经发生的坏账损失

B. 上年年末坏账准备的余额小于本年确认的坏账损失部分

C. 企业已提取但尚未转销的坏账准备数额

D. 本年提取的坏账准备

26. “坏账准备”账户在期末结账前如为借方余额，其反映的内容是（　　）。

A. 提取的坏账准备

B. 实际发生的坏账损失

C. 收回以前已经确认并转销的坏账

D. 已确认的坏账损失超出坏账准备的余额

三、多项选择题（下列各题至少有两个正确答案，请将正确答案填在括号内）

1. 甲公司于2019年11月1日向乙公司销售一批产品，货款80 000元，增值税税率13%，已开出增值税专用发票，并办妥托收手续，乙公司开出一张期限为3个月的不带息商业承兑汇票。2020年2月1日甲公司该票据到期，如期收回票款。甲公司的下列账务处理正确的有（　　）。

A. 借：应收票据　　80 000

　　贷：主营业务收入　　80 000

B. 借：应收票据　　90 400

　　贷：主营业务收入　　80 000

贷：应交税费——应交增值税（销项税额） 10 400

C.借：银行存款 80 000

贷：应收票据 80 000

D.借：银行存款 90 400

贷：应收票据 90 400

2.按现行企业会计准则，不能用“应收票据”及“应付票据”核算的票据有（ ）。

A.银行汇票存款 B.银行承兑汇票

C.银行本票存款 D.商业承兑汇票

3.应收票据终止确认时，对应的账户可能有（ ）。

A.资本公积 B.原材料 C.应交税费 D.材料采购

4.因资金周转需要，甲企业于5月20日将一张本年4月23日签发的面值10 000元、期限90天的不带息商业承兑汇票向银行申请贴现，年贴现率为10%，则下列处理正确的有（ ）。

A.贴现息应记入“财务费用”账户 B.贴现息为175元

C.贴现净额为9 825元 D.贴现时应减记应收票据面值10 000元

5.下列各项业务可能影响应收票据账面价值的有（ ）。

A.将应收票据背书转让 B.将应收票据贴现

C.计提坏账准备 D.票据到期收回款项

6.与带息商业汇票到期值计算相关的因素有（ ）。

A.票据面值 B.票面利率 C.票据期限 D.贴现率

7.企业收到下列各种票据时，应通过“应收票据”账户核算的有（ ）。

A.商业承兑汇票 B.支票

C.银行承兑汇票 D.银行本票

8.企业因销售商品发生的应收账款入账价值应当包括（ ）。

A.销售商品的价款 B.增值税销项税额

C.代购货方垫付的包装费 D.代购货方垫付的运杂费

9.下列各项应作为应收账款入账金额的有（ ）。

A.增值税销项税额 B.商业折扣

C.现金折扣 D.应收出租包装物租金

10.下列各项中，会引起应收账款账面价值变动的有（ ）。

A.支付手续费方式下发出委托代销商品

B.计提坏账准备

C.代购货方垫付的包装费

D.租入包装物支付的押金

11.下列各项应计入应收账款的有（ ）。

A.销售商品的价款 B.销售商品的增值税

C.代购货方垫付的运杂费 D.销售货物发生的商业折扣

12.下列关于现金折扣的账务处理表述正确的有（ ）。

A.销售企业在确认销售收入时应将现金折扣抵减收入
B.销售企业在取得价款时应将实际发生的现金折扣计入财务费用
C.购买企业在购入商品时应将现金折扣直接抵减应确认的应付账款
D.购买企业在偿付应付账款时应按实际发生的现金折扣冲减财务费用

13.下列各项应列入资产负债表“应收账款”项目的有（　　）。
A.代购货方垫付的运输费　　B.销售产品应收取的款项
C.对外提供劳务应收取的款项　　D.代购货方垫付的保险费

14.下列关于“预付账款”账户的说法正确的有（　　）。
A.“预付账款”属于资产性质账户
B.预付货款不多的企业，可以不单独设置“预付账款”账户，将预付货款记入“应付账款”账户的借方
C.“预付账款”账户的贷方余额反映应付供应单位的款项
D.“预付账款”账户只核算企业因销售业务产生的往来款项

15.下列各项通过“其他应收款”账户核算的有（　　）。
A.拨付给企业内部各单位的备用金　　B.预付购货款
C.存出保证金　　D.为购货单位垫付的包装费、运杂费

16.下列各项应通过“其他应收款”账户核算的有（　　）。
A.应向责任人收取的赔款　　B.应收的各种罚款
C.收取的各种押金　　D.租入包装物支付的押金

17.2019年3月3日，李平出差预借差旅费10 000元，以现金支付。10日出差归来，报销差旅费9 000元，将剩余现金交回。下列账务处理不正确的有（　　）。

A.借：管理费用	10 000	
贷：库存现金		10 000
B.借：其他应收款	10 000	
贷：库存现金		10 000
C.借：管理费用	9 000	
库存现金	1 000	
贷：其他应收款		10 000
D.借：销售费用	9 000	
贷：库存现金		9 000

18.下列各项应记入“坏账准备”账户贷方的有（　　）。
A.企业对当期增加的某项应收账款按个别认定法计提坏账准备
B.收回过去已确认并转销的坏账
C.转回以前多计提的坏账准备
D.发生坏账

19.下列各项应计提坏账准备的有（　　）。
A.应收账款　　B.应收票据　　C.预付账款　　D.其他应收款

20.下列各项应在“坏账准备”账户借方登记的有（　　）。

A.冲减已计提的坏账准备　　B.收回前期已转销的应收账款

C.转销实际发生的坏账　　D.计提坏账准备

21.下列各项应记入“坏账准备”账户贷方的有（　　）。

A.当期实际发生坏账　　B.冲回多提的坏账准备

C.当期补提坏账准备　　D.已转销的坏账当期又收回

22.下列各项会引起应收账款账面价值发生变化的有（　　）。

A.收回已确认并已转销的坏账　　B.收回应收账款

C.计提应收账款坏账准备　　D.实际发生坏账

23.企业收回过去已确认并转销的坏账时，正确的会计分录有（　　）。

A.借记“应收账款”，贷记“管理费用”

B.借记“应收账款”，贷记“坏账准备”

C.借记“银行存款”，贷记“应收账款”

D.借记“银行存款”，贷记“坏账准备”

四、不定项选择题

A公司为增值税一般纳税人，增值税适用税率为13%。2019年12月1日“应收账款”账户借方余额为500万元，“坏账准备”账户贷方余额为25万元。A公司采用应收账款余额百分比法计提坏账准备。通过对应收款项的信用风险分析，确定计提坏账准备的比例为应收账款期末余额的5%。12月份发生如下相关业务：

（1）5日，一客户破产，根据清算程序，已确认有40万元应收账款不能收回。

（2）12日，赊销给甲公司商品一批，按商品价目表标明的价格计算的金额为1 000万元（不含增值税），由于是成批销售，确定给予甲公司10%的折扣。

（3）15日，收到乙公司前欠的销货款500万元存入银行。

（4）18日，2015年已确认并转销的应收账款10万元又收回，存入银行。

（5）22日，向丙公司销售商品一批，增值税专用发票上注明的金额100万元、税额13万元。A公司为了及早收回货款在合同中约定现金折扣条件为“2/10，1/20，n/30”，并设定现金折扣不考虑增值税。截至12月31日，丙公司尚未付款。

要求：根据上述资料回答下列（1）至（3）小题。

（1）12月12日和12月22日发生的经济业务中应收账款的入账价值分别为（　　）万元。

A.1 130　　B.1 017　　C.113　　D.117

（2）根据上述业务，甲公司的下列处理正确的是（　　）。

A.业务（1）应确认信用减值损失40万元

B.业务（2）应确认收入1 000万元

C.业务（4）应贷记坏账准备10万元

D.业务（5）应确认收入100万元

（3）本期应计提坏账准备金额为（　　）万元。

A.56　　B.59.5　　C.101　　D.96

任务四　存货核算

学习重点与难点

知识点1-4　存货的内容、确认与计量

存货的内容、确认与计量见表1-18。

表1-18　存货的内容、确认与计量

<table>
<tr><th>项　目</th><th colspan="3">内　容</th></tr>
<tr><td rowspan="2">内　容</td><td colspan="3">存货是指企业在日常活动中持有以备出售的产成品或商品、处在生产过程中的在产品、在生产过程或提供劳务过程中将消耗的材料或物料等</td></tr>
<tr><td colspan="3">以制造业为例，包括原材料、在产品、半成品、产成品或商品及包装物、低值易耗品等</td></tr>
<tr><td>确认条件</td><td colspan="3">符合存货定义的前提下，与该存货有关的经济利益很可能流入企业，成本能够可靠计量</td></tr>
<tr><td rowspan="6">成本构成</td><td rowspan="3">采购成本</td><td>购买价款</td><td>购入货物发票账单上列明的价款，但不包括可抵扣增值税</td></tr>
<tr><td>相关税费</td><td>购买货物发生的进口关税、消费税、资源税和不能抵扣的增值税</td></tr>
<tr><td>其他可归属于存货成本的费用</td><td>除上述各项外可归属于存货采购成本的费用，如采购过程中发生的仓储费、包装费、运输途中的合理损耗、入库前的挑选整理费</td></tr>
<tr><td>加工成本</td><td colspan="2">加工过程中发生的追加费用，包括直接人工和制造费用</td></tr>
<tr><td rowspan="2">其他成本</td><td colspan="2">除采购成本、加工成本以外使存货达到目前场所和状态所发生的其他支出</td></tr>
<tr><td colspan="2">企业设计产品发生的设计费用通常应计入当期损益，但为特定客户设计产品发生的可直接确定的设计费应计入存货成本</td></tr>
<tr><td rowspan="6">不同来源存货成本构成</td><td colspan="3">外购存货：实际成本=买价+相关税费+其他可归属于存货采购成本的费用</td></tr>
<tr><td colspan="3">自制存货：实际成本=直接材料+直接人工+制造费用</td></tr>
<tr><td colspan="3">委托加工存货：实际成本=耗用原材料成本+加工费+运输费+装卸费+保险费+相关税费</td></tr>
<tr><td colspan="3">投资者投入存货：实际成本=合同约定价（合同约定价不公允的，以公允价值为入账成本）</td></tr>
<tr><td colspan="3">接受捐赠存货：捐赠方提供了凭据的，按凭据上标明的金额加上支付的相关税费为实际成本；捐赠方未提供凭据的，按根据市价或同类存货的市价估计的金额加上支付的相关税费为实际成本</td></tr>
<tr><td colspan="3">盘盈存货：实际成本=重置成本</td></tr>
</table>

技能点1-4 存货核算与列报

一、原材料核算

原材料核算见表1-19。

表1-19 原材料核算

项目 \ 核算方法			实际成本法	计划成本法
账户设置			“在途物资”“原材料”	“材料采购”“原材料”“材料成本差异”
原材料取得	外购	单货同到	借：原材料 应交税费——应交增值税（进项税额） 贷：银行存款/应付账款等	借：材料采购 应交税费——应交增值税（进项税额） 贷：银行存款/应付账款等 借：原材料 材料成本差异（超支差异） 贷：材料采购 材料成本差异（节约差异）
		单到货未到	单到： 借：在途物资 应交税费——应交增值税（进项税额） 贷：银行存款/应付账款等 货到： 借：原材料 贷：在途物资	单到： 借：材料采购 应交税费——应交增值税（进项税额） 贷：银行存款/应付账款等 货到： 借：原材料 材料成本差异（超支差异） 贷：材料采购 材料成本差异（节约差异）
		货到单未到	平时不入账，待发票账单等结算凭证收到后按“单货同到”情形处理； 若月末结算凭证仍未到达，先暂估入账，下月初用红字冲回，再重新按正常程序入账。 月末： 借：原材料 贷：应付账款——暂估应付款	平时不入账，待发票账单等结算凭证收到后按“单货同到”情形处理； 若月末结算凭证仍未到达企业，则按计划成本暂估入账，下月初用红字冲回，再重新按正常程序入账。 月末： 借：原材料 贷：应付账款——暂估应付款
	自制		借：原材料 贷：生产成本	借：原材料 材料成本差异（超支差异） 贷：生产成本 材料成本差异（节约差异）

续表

<table>
<tr><th colspan="2">核算方法
项目</th><th colspan="3">实际成本法</th><th>计划成本法</th></tr>
<tr><td rowspan="2">原材料发出</td><td>计价方法</td><td colspan="3">个别计价法、先进先出法、月末一次加权平均法、移动加权平均法</td><td>材料成本差异率=（月初结存材料成本差异+本月入库材料成本差异）÷（月初结存材料计划成本+本月入库材料计划成本）×100%
发出材料应分摊成本差异=发出材料计划成本×材料成本差异率
上述公式中的“材料成本差异”，账户余额在借方表示超支差异，用“+”；在贷方表示节约差异，用“-”</td></tr>
<tr><td>账务处理</td><td colspan="3">借：生产成本/制造费用/管理费用等（受益对象）
贷：原材料</td><td>借：生产成本/制造费用/管理费用等（受益对象）
贷：原材料
同时结转发出材料成本差异：
借：生产成本/制造费用/管理费用等（受益对象）
贷：材料成本差异
如是节约差异，做相反会计分录</td></tr>
<tr><td colspan="2" rowspan="16">实际成本法下发出存货计价方法</td><td rowspan="4">先进先出法</td><td>计算方式</td><td colspan="2">先购入的先发出</td></tr>
<tr><td>优点</td><td colspan="2">随时结转存货发出成本，使期末存货成本比较接近市价，能及时准确地反映存货的资金占用情况</td></tr>
<tr><td>缺点</td><td colspan="2">工作量大；在物价上涨时，期末存货成本接近市价，发出存货成本偏低，利润偏高，反之，利润偏低</td></tr>
<tr><td>适用范围</td><td colspan="2">适用于物价基本稳定，存货收发业务不多的存货</td></tr>
<tr><td rowspan="4">月末一次加权平均法</td><td>计算方式</td><td colspan="2">单位成本=（月初库存存货成本+本月取得存货成本）÷（月初库存存货数量+本月取得存货数量）</td></tr>
<tr><td>优点</td><td colspan="2">简化成本计算工作</td></tr>
<tr><td>缺点</td><td colspan="2">不利于存货成本的日常管理和控制</td></tr>
<tr><td>适用范围</td><td colspan="2">各期存货成本变动不大或存货品种较少、收发次数较少，且前后收入存货单位成本相差不大的企业</td></tr>
<tr><td rowspan="4">移动加权平均法</td><td>计算方式</td><td colspan="2">单位成本=（原有库存存货成本+本次进货成本）÷（原有库存存货数量+本次进货数量）</td></tr>
<tr><td>优点</td><td colspan="2">成本计算较为客观，便于了解存货结存情况</td></tr>
<tr><td>缺点</td><td colspan="2">工作量大，收发频繁的企业不适用</td></tr>
<tr><td>适用范围</td><td colspan="2">适用于品种简单、收发次数较少的存货</td></tr>
<tr><td rowspan="4">个别计价法</td><td>计算方式</td><td colspan="2">个别认定，实物流转与成本流转一致</td></tr>
<tr><td>优点</td><td colspan="2">计算准确</td></tr>
<tr><td>缺点</td><td colspan="2">在存货收发频繁的情况下工作量大</td></tr>
<tr><td>适用范围</td><td colspan="2">一般不能替代使用的存货、为特定项目专门购入或制造的存货，如珠宝、名画等贵重物品，以及提供劳务</td></tr>
</table>

二、周转材料核算

周转材料核算见表1-20。

表1-20　　周转材料核算

<table>
<tr><th colspan="2">项　目</th><th colspan="4">内　容</th></tr>
<tr><td rowspan="10">包装物</td><td>内　容</td><td colspan="4">包装物是指为包装本企业产品而储备的各种包装容器。包括：
①生产过程中用于包装产品作为产品组成部分的包装物；
②随同商品销售不单独计价的包装物；
③随同商品销售单独计价的包装物；
④出租或出借给购货单位使用的包装物</td></tr>
<tr><td>账户设置</td><td colspan="4">“周转材料——包装物”</td></tr>
<tr><td rowspan="8">账务处理</td><td>取得</td><td colspan="3">借：周转材料——包装物
应交税费——应交增值税（进项税额）
贷：银行存款等</td></tr>
<tr><td rowspan="7">发出</td><td>生产领用</td><td colspan="2">借：生产成本
贷：周转材料——包装物</td></tr>
<tr><td rowspan="2">随同商品出售</td><td>不单独计价</td><td>借：销售费用
贷：周转材料——包装物</td></tr>
<tr><td>单独计价</td><td>借：银行存款等
贷：其他业务收入
应交税费——应交增值税（销项税额）
借：其他业务成本
贷：周转材料——包装物</td></tr>
<tr><td rowspan="2">出租</td><td>收取押金</td><td>借：银行存款等
贷：其他应付款</td></tr>
<tr><td>没收押金</td><td>借：其他应付款
贷：应交税费——应交增值税（销项税额）
其他业务收入（差额）</td></tr>
<tr><td colspan="2">出借</td><td>摊销成本：
借：销售费用
贷：周转材料——包装物</td></tr>
<tr><td colspan="2">报废</td><td>出租、出借包装物报废：
借：原材料/库存现金等
贷：其他业务成本（出租）
销售费用（出借）</td></tr>
</table>

续表

<table>
<tr><th colspan="2">项　目</th><th colspan="4">内　容</th></tr>
<tr><td rowspan="7">低值易耗品</td><td>内　容</td><td colspan="4">低值易耗品是指单位价值较低，使用年限较短，不能作为固定资产的各种用具物品以及在经营过程中周转使用的包装容器等</td></tr>
<tr><td>账户设置</td><td colspan="4">“周转材料——低值易耗品”</td></tr>
<tr><td rowspan="5">账务处理</td><td colspan="2">取得</td><td colspan="2">借：周转材料——包装物
应交税费——应交增值税（进项税额）
贷：银行存款等</td></tr>
<tr><td rowspan="3">领用及摊销</td><td>一次摊销法</td><td colspan="2">借：制造费用/管理费用
贷：周转材料——低值易耗品</td></tr>
<tr><td rowspan="2">五五摊销法</td><td>领用</td><td>借：周转材料——低值易耗品（在用）（全额）
贷：周转材料——低值易耗品（在库）（全额）
同时，摊销价值的50%：
借：制造费用/管理费用
贷：周转材料——低值易耗品（摊销）</td></tr>
<tr><td>报废</td><td>摊销其余的50%：
借：制造费用/管理费用
贷：周转材料——低值易耗品（摊销）
同时：
借：周转材料——低值易耗品（摊销）（全额）
贷：周转材料——低值易耗品（在用）（全额）</td></tr>
<tr><td colspan="2">报废</td><td colspan="2">借：原材料
贷：制造费用/管理费用</td></tr>
</table>

三、委托加工物资核算

委托加工物资核算见表1-21。

表1-21　　委托加工物资核算

阶　段	连续生产应税消费品	直接销售
发出委托加工材料	借：委托加工物资 贷：原材料	同“连续生产应税消费品”情形
支付加工费和税金	借：委托加工物资（加工费） 应交税费——应交增值税（进项税额） 应交税费——应交消费税 贷：应付账款	借：委托加工物资（加工费+消费税） 应交税费——应交增值税（进项税额） 贷：应付账款
支付运输费	借：委托加工物资（加工费） 应交税费——应交增值税（进项税额） 贷：银行存款	同“连续生产应税消费品”情形
收回委托加工物资	借：原材料等（原料+加工费等） 贷：委托加工物资	借：原材料等（原料+加工费等+消费税） 贷：委托加工物资

四、库存商品核算

库存商品核算见表1-22。

表1-22 库存商品核算

<table>
<tr><th colspan="3">经济业务</th><th>账务处理</th></tr>
<tr><td colspan="2" rowspan="2">工业企业自制产成品</td><td>完工验收入库</td><td>借：库存商品
　　贷：生产成本</td></tr>
<tr><td>销售发出</td><td>借：主营业务成本
　　贷：库存商品</td></tr>
<tr><td rowspan="6">商品流通企业库存商品</td><td rowspan="3">数量进价金额核算法</td><td>商品购进</td><td>借：在途物资/商品采购
　　应交税费——应交增值税（进项税额）
　　贷：银行存款等
借：库存商品
　　贷：在途物资/商品采购</td></tr>
<tr><td>实现销售</td><td>借：银行存款/应收账款/应收票据等
　　贷：主营业务收入
　　　　应交税费——应交增值税（销项税额）</td></tr>
<tr><td>结转销售成本</td><td>借：主营业务成本
　　贷：库存商品</td></tr>
<tr><td rowspan="3">售价金额核算法</td><td>商品购进</td><td>借：在途物资/商品采购
　　应交税费——应交增值税（进项税额）
　　贷：银行存款等
借：库存商品
　　商品进销差价
　　贷：在途物资/商品采购</td></tr>
<tr><td>实现销售</td><td>借：银行存款/应收账款/应收票据等
　　贷：主营业务收入（含税价）
同时，按售价结转销售成本：
借：主营业务成本
　　贷：库存商品
月末，调整主营业务收入：
借：主营业务收入
　　贷：应交税费——应交增值税（销项税额）</td></tr>
<tr><td>调整销售成本</td><td>借：商品进销差价
　　贷：主营业务成本</td></tr>
</table>

五、存货清查核算

存货清查核算见表1-23。

表1-23 存货清查核算

<table>
<tr><th>项 目</th><th colspan="3">内 容</th></tr>
<tr><td rowspan="4">存货数量盘存方法</td><td rowspan="2">永续盘存制</td><td colspan="2">永续盘存制是指通过设置详细的存货明细账，逐笔或逐日记录存货收发数量及金额，随时结出结余存货数量和金额的一种存货盘存方法</td></tr>
<tr><td colspan="2">期末存货成本=期初存货成本+本期购货成本-本期销货成本</td></tr>
<tr><td rowspan="2">实地盘存制</td><td colspan="2">实地盘存制是指期末通过对全部存货进行实地盘点，以确定期末存货结存数量，然后分别乘以各项存货单位成本，计算出期末存货成本记入各相关存货账户，并据以计算出本期已耗用或已销售存货成本的一种方法</td></tr>
<tr><td colspan="2">本期耗用或销货成本=期初存货成本+本期购货成本-期末存货成本</td></tr>
<tr><td>账户设置</td><td colspan="3">“待处理财产损溢——待处理流动资产损溢”</td></tr>
<tr><td>盘盈</td><td colspan="2">批准前：
借：原材料等
　　贷：待处理财产损溢——待处理流动资产损溢</td><td>批准后：
借：待处理财产损溢——待处理流动资产损溢
　　贷：管理费用等</td></tr>
<tr><td>盘亏</td><td colspan="2">批准前：
借：待处理财产损溢——待处理流动资产损益
　　贷：原材料等
　　　　应交税费——应交增值税（进项税额转出）
（管理不善造成的货物损失，其进项税额应转出；自然灾害造成的货物损失，其进项税额不需要转出）</td><td>批准后：
借：其他应收款（保险公司和过失人赔偿部分）
　　管理费用（定额内损耗、计量收发差错及管理不善造成的短缺或毁损等）
　　营业外支出——非常损失（自然灾害等不可抗力造成的毁损）
　　贷：待处理财产损溢——待处理流动资产损益</td></tr>
</table>

六、存货期末计量与减值核算

存货期末计量与减值核算见表1-24。

表 1-24 存货期末计量与减值核算

<table>
<tr><th>项 目</th><th colspan="2">内 容</th></tr>
<tr><td>计量方法</td><td colspan="2">成本与可变现净值孰低。其中："成本"是指期末存货的实际成本；"可变现净值"是指存货预计未来净现金流量，即存货估计售价减去至完工时估计将要发生的成本、销售费用以及相关税费后的金额</td></tr>
<tr><td rowspan="3">存货可变现净值确定</td><td rowspan="2">直接用于出售的存货</td><td>无销售合同：可变现净值=存货市场售价-估计销售费用及相关税费</td></tr>
<tr><td>有销售合同：可变现净值=存货合同售价-估计销售费用及相关税费</td></tr>
<tr><td>需要经过加工的存货</td><td>用于生产产品的材料：
第一步，计算用该材料所生产的产成品的可变现净值：
产成品可变现净值=产成品估计（即合同或市场）售价-估计销售费用及相关税费
第二步，将用该材料所生产的产成品的可变现净值与其成本进行比较：
①产成品可变现净值预计高于其成本的，材料按成本计量；
②产成品可变现净值低于其成本的，材料按可变现净值计量。
材料可变现净值=产成品估计（即合同或市场）售价-至产品完工估计将要发生的加工成本-估计销售费用及相关税费</td></tr>
<tr><td>减值核算账户</td><td colspan="2">"存货跌价准备"</td></tr>
<tr><td>跌价准备计提</td><td colspan="2">计提的存货跌价准备=（存货实际成本-存货可变现净值）-计提前"存货跌价准备"账户贷方余额。如计算结果大于零，应补提存货跌价准备：
借：资产减值损失
　　贷：存货跌价准备
如计算结果小于零，做相反会计分录</td></tr>
<tr><td>跌价准备转回</td><td colspan="2">当以前减记存货价值的影响因素消失时，应将减记的金额在原已计提的存货跌价准备金额内转回：
借：存货跌价准备
　　贷：资产减值损失</td></tr>
<tr><td>跌价准备结转</td><td colspan="2">已计提存货跌价准备的存货发生了销售等情况，应在结转销售成本的同时结转存货跌价准备：
借：存货跌价准备
　　贷：主营业务成本/其他业务成本</td></tr>
</table>

七、存货列报

存货列报见表 1-25。

表 1-25 存货列报

资产负债表项目	编制依据
存 货	材料采购（或在途物资）+原材料+周转材料+库存商品+发出商品+委托加工物资+生产成本+受托代销商品-受托代销商品款-存货跌价准备±材料成本差异-商品进销差价

职业判断能力训练

知识点1-4　存货的内容、确认与计量

一、判断题（下列各题正确的在括号内打"√"，错误的打"×"）

1.存货成本就是指存货的采购成本。（　　）

2.商品流通企业在采购商品过程中发生的运杂费等进货费用应直接计入当期损益。（　　）

3.企业设计产品发生的设计费应计入当期损益。（　　）

4.企业采购商品运输途中发生的合理损耗应计入存货成本，并应单独进行账务处理。（　　）

5.在生产过程中为达到下一生产阶段所必需的仓储费应计入存货的成本。（　　）

6.投资者投入存货的成本，一律按投资合同或协议约定的价值确定。（　　）

二、单项选择题（下列各题只有一个正确答案，请将正确答案填在括号内）

1.下列各项是存货归属的判断标准的是（　　）。

A.经济用途　　B.存放地点　　C.交货时间　　D.法定所有权

2.下列税金不应计入存货成本的是（　　）。

A.一般纳税人进口原材料支付的关税

B.一般纳税人购进原材料支付的增值税

C.小规模纳税人购进原材料支付的增值税

D.一般纳税人进口应税消费品支付的消费税

3.某工业企业为增值税一般纳税人，购入A材料1 000千克，增值税专用发票上注明金额300万元、税额39万元，该批A材料在运输途中发生1%的合理损耗，验收入库990千克，在入库前发生挑选整理费用2万元。该批入库A材料的实际总成本为（　　）万元。

A.302　　B.300　　C.348　　D.350

4.某增值税一般纳税人本期购入一批商品100千克，进货价格100万元，增值税进项税额13万元。所购商品到达后验收入库数量80千克，商品短缺20%，其中合理损耗5%，另15%的短缺尚待查明原因。该商品实际单位成本为每千克（　　）万元。

A.1.16　　B.1.25　　C.1.0625　　D.1

5.某增值税一般纳税人购入农产品，收购发票上注明买价100 000元，增值税进项税额扣除率为9%，另支付入库前挑选整理费500元。该农产品入账价值为（　　）元。

A.91 500　　B.113 000　　C.113 500　　D.100 500

6.甲企业为增值税小规模纳税人，增值税适用征收率为3%。本月从其他小规模纳税企业购入A材料600千克，每千克含税价为51.5元，发生运杂费2 000元，运输途中发生合理损耗10千克，不含税价值500元，入库前发生挑选整理费用200元，A材料入

库后的存储费用100元。该批材料的入账价值为（　　）元。

A.32 200　　B.33 100　　C.33 600　　D.33 615

7.某企业为增值税小规模纳税人，本月购入甲材料2 060千克，每千克含增值税的价格为50元，另外支付运杂费3 500元，运输途中发生合理损耗60千克，入库前发生挑选整理费用620元。该批材料入库的单位成本为每千克（　　）元。

A.50　　B.51.81　　C.52　　D.53.56

8.下列各项与存货相关的费用中，不应计入存货成本的是（　　）。

A.材料采购过程中发生的保险费　　B.材料入库前发生的挑选整理费

C.材料入库后发生的储存费用　　D.材料采购过程中发生的装卸费用

9.下列与原材料相关的损失项目中，应计入原材料成本的是（　　）。

A.计量差错引起的原材料盘亏　　B.自然灾害造成的原材料损失

C.原材料运输途中发生的合理损耗　　D.人为责任造成的原材料损失

10.一般纳税人发生的下列各项支出中，不计入存货成本的是（　　）。

A.购入货物时支付的增值税进项税额

B.入库前的挑选整理费用

C.购买货物发生的运输费用

D.从国外购买货物支付的关税

11.关于存货成本的下列表述不正确的是（　　）。

A.煤炭在运输途中自然散落部分应从成本中扣除

B.企业采购商品的进货费用金额较小的，可以在发生时直接计入当期损益

C.商品流通企业对于已售商品的进货费用，应计入当期损益

D.企业为特定客户设计产品直接发生的设计费用应计入产品成本

三、多项选择题（下列各题至少有两个正确答案，请将正确答案填在括号内）

1.下列各项属于购买方存货的有（　　）。

A.销货方已经按销售合同确认了销售，但尚未发出的商品

B.购货方已经确认购入但尚未送达的货物

C.销货方发出了商品但尚未确认收入的商品

D.购货方已经收到但发票尚未送达的货物

2.某企业为增值税一般纳税人，开出银行承兑汇票购入原材料一批，并支付银行承兑手续费。下列关于该企业采购原材料的账务处理正确的有（　　）。

A.支付的运输费计入材料成本

B.支付的可抵扣增值税进项税额计入材料成本

C.支付的原材料价款计入材料成本

D.支付的票据承兑手续费计入财务费用

3.下列各项中，构成工业企业外购存货的采购成本的有（　　）。

A.买价　　B.运杂费

C.运输途中的合理损耗　　D.入库前的挑选整理费用

4.企业购进货物发生的下列税金应计入相关资产成本的有（　　）。

A.进口商品支付的关税　　　　　　　B.收购未税矿产品代缴的资源税

C.签订购买合同缴纳的印花税　　　　D.小规模纳税人购买材料支付的增值税

5.关于存货成本的下列表述正确的有（　　）。

A.商品流通企业采购商品的进货费用金额较小的可以不计入存货成本

B.商品流通企业发生的进货费用先进行归集的，期末未售商品分摊的进货费用应计入存货成本

C.委托加工物资发生的加工费用应计入委托加工物资成本

D.企业为特定客户设计产品直接发生的设计费用应计入产品成本

6.下列各项应计入商品流通企业存货入账价值的有（　　）。

A.小规模纳税人购入货物支付的增值税税额

B.购入货物支付的运杂费

C.购入货物时支付的包装费

D.进口商品时支付的关税

技能点1-4　存货核算与列报

一、判断题（下列各题正确的在括号内打“√”，错误的打“×”）

1.原材料采用实际成本法核算时不存在成本差异的计算与结转问题。（　　）

2.由于购入材料支付货款方式不同，原材料入库时间与货款支付时间可能出现不同步现象。（　　）

3.购入材料在运输途中发生的合理损耗应计入管理费用。（　　）

4.采用先进先出法核算发出存货成本时，如果市场物价持续上涨，会高估企业当期利润和库存存货的价值。（　　）

5.个别计价法适用于不能替代使用的存货、为特定项目专门购入或制造的存货以及提供劳务等。（　　）

6.企业发出材料应负担的成本差异一般按当月材料成本差异率计算，但当材料发出时就必须确定其实际成本的，也可按上月材料成本差异率计算。（　　）

7.企业采用计划成本法对材料进行日常核算时，应按月分摊发出材料应负担的成本差异，不得在季末或年末一次分摊。（　　）

8.采用计划成本法核算存货时，对月末尚在运输途中的存货实际成本应在“在途物资”账户反映。（　　）

9.为简化核算，对已验收入库但发票账单尚未到达的材料，月末可暂不进行账务处理，待收到发票账单时再按实际成本进行账务处理。（　　）

10.当市场物价持续上升时，发出存货成本采用先进先出法核算，会导致发出存货成本背离市场近期价格，从而低估资产负债表中“存货”项目的价值和利润表中当期利润。（　　）

11.对于随同商品出售而不单独计价的包装物，应按实际成本计入销售费用。（　　）

12.生产领用包装物的成本计入制造费用。（　　）

13. 企业出借包装物逾期未能收回而没收的押金应记入“营业外收入”账户。（ ）

14. 包装物出借期间发生的成本应作为管理费用。（ ）

15. 纸、绳、铁丝等一次性使用的包装材料不属于包装物核算内容，应作为原材料核算。（ ）

16. 企业领用低值易耗品时，应将其价值一次、全部计入有关资产成本或当期损益。（ ）

17. 一次摊销法是指在领用周转材料时一次性将其价值全部转入当期成本费用的摊销方法。（ ）

18. 五五摊销法下领用低值易耗品时应先摊销其原值的50%，报废时再摊销其剩余的50%。（ ）

19. 委托加工物资收回后用于连续生产应税消费品的，委托方应将缴纳的消费税计入委托加工物资成本。（ ）

20. “委托加工物资”账户期末贷方余额反映企业尚未完工委托加工物资的实际成本。（ ）

21. 企业接受来料加工制造的代制品和为外单位加工修理验收入库的代修品应视同本企业的产成品进行核算。（ ）

22. 毛利率法是根据本期销售净额乘以上期实际毛利率匡算出本期销售毛利，并据以计算发出存货和期末存货成本的一种方法。（ ）

23. 库存商品采用售价金额核算法核算时，期末结存商品的实际成本为本期商品销售收入乘以商品进销差价率。（ ）

24. 对从事商业零售业务的企业，由于经营的商品种类、品种、规格等复杂，一般应选用售价金额核算法进行日常核算。（ ）

25. 永续盘存制下会计账簿资料可以完整地反映存货的收入、发出和结存情况，因此不需要对存货进行清查。（ ）

26. 同一企业的所有存货所选择的存货数量盘存方法必须一致，并保持前后各期一致。（ ）

27. 存货盘盈是指存货的实存数大于账存数。（ ）

28. 存货的属于自然损耗产生的定额内损耗，经批准后应转入管理费用。（ ）

29. 属于自然灾害等不可抗力原因造成的存货毁损，扣除残料价值和可以收回的保险赔偿后的净损失应转入营业外支出。（ ）

30. 企业结转销售成本时，对于已计提存货跌价准备的存货，应借记“存货跌价准备”账户，贷记“主营业务成本”或“其他业务成本”等账户。（ ）

31. 企业计提存货跌价准备会影响资产负债表中“存货”项目的金额。（ ）

32. 我国企业会计准则规定期末存货应按成本与可变现净值孰低法计量。（ ）

33. “存货跌价准备”账户是有关存货账户的备抵调整账户，因此有关存货账户的期末借方余额减去本账户的期末贷方余额等于期末存货的账面价值。（ ）

34. 资产负债表日存货成本低于其可变现净值时，不需作账务处理，只需按期末账

面价值列示即可。（　　）

35.存货可变现净值表现为预计未来现金流量，也就是合同的约定价值。（　　）

二、单项选择题（下列各题只有一个正确答案，请将正确答案填在括号内）

1.下列关于原材料按实际成本计价的账务处理正确的是（　　）。

A.尚未验收入库的购入材料的实际成本应先记入“在途物资”账户

B.尚未验收入库的购入材料的实际成本应先记入“材料采购”账户

C.尚未验收入库的购入材料的实际成本直接记入“原材料”账户

D.无论是否验收入库，都必须先记入“在途物资”账户，再转入“原材料”账户

2.企业库存材料核算中，需在月末暂估入账并于下月月初用红字冲回的是（　　）。

A.月末购货发票账单未到，但已入库的材料

B.月末购货发票账单已到，货款未付但已入库的材料

C.月末购货发票账单已到，货款已付且已入库的材料

D.月末购货发票账单已到，货款已付但未入库的材料

3.A公司为增值税一般纳税人，存货采用实际成本法核算。某月购入一批原材料，取得的增值税专用发票上注明金额200万元、税额26万元，全部款项以银行存款支付，材料已验收入库。下列有关购入材料的账务处理（单位：万元）正确的是（　　）。

A.借：	在途物资	226	
	贷：银行存款		226
B.借：	原材料	200	
	应交税费——应交增值税（进项税额）	26	
	贷：银行存款		226
C.借：	材料采购	200	
	应交税费——应交增值税（进项税额）	26	
	贷：银行存款		226
D.借：	在途物资	200	
	应交税费——应交增值税（进项税额）	26	
	贷：银行存款		226

4.下列原材料损失项目应计入营业外支出的是（　　）。

A.计量差错引起的原材料盘亏

B.自然灾害造成的原材料损失

C.原材料运输途中发生的合理损耗

D.人为责任造成的应由责任人赔偿的原材料损失

5.某增值税一般纳税人，盘亏一批材料，价款16 000元，增值税2 080元。经查为管理不善引起火灾造成的。现确认各种赔款1 500元，入库残料价值100元，应计入管理费用的金额为（　　）元。

A.16 480　　B.18 620　　C.14 300　　D.14 400

6.企业发生的原材料盘亏或毁损，不能够作为管理费用核算的是（　　）。

A.保管中发生的定额内自然损耗　　B.管理不善造成的盘亏

C.地震导致的材料毁损　　D.收发计量差错造成的盘亏

7.若发出存货采用先进先出法计价，在物价上涨的情况下将会使企业的（　　）。

A.期末存货价值升高，当期利润减少

B.期末存货价值升高，当期利润增加

C.期末存货价值降低，当期利润增加

D.期末存货价值降低，当期利润减少

8.某企业采用先进先出法计算发出甲材料的成本。2019年2月1日结存甲材料200千克，每千克实际成本100元；2月10日购入甲材料300千克，每千克实际成本110元；2月15日发出甲材料400千克。2月末，库存甲材料的实际成本为（　　）元。

A.10 000　　B.10 500　　C.10 600　　D.11 000

9.某企业采用月末一次加权平均法计算发出原材料成本。2019年8月1日甲材料结存200千克，每千克实际成本10元；8月10日购入甲材料300千克，每千克实际成本11元；8月25日发出甲材料400千克。8月25日发出甲材料成本为（　　）元。

A.1 000　　B.1 050　　C.1 060　　D.4 240

10.某企业发出存货采用月末一次加权平均法核算。该企业2019年10月初库存材料60件，每件为1 000元。月中又购进材料两批，一批200件，每件950元；另一批100件，每件1 046元。月末库存材料的加权平均单价为（　　）元。

A.980　　B.985　　C.990　　D.1 182

11.下列关于发出存货计价方法中，假设存货的成本流转与实物流转完全一致，最能准确反映销售成本和期末存货成本的是（　　）。

A.先进先出法　　B.移动加权平均法

C.一次加权平均法　　D.个别计价法

12.某企业对材料采用计划成本法进行日常核算。月初结存材料计划成本80万元，成本差异超支20万元。当月购入材料一批，实际成本110万元，计划成本120万元。当月领用材料计划成本100万元。则当月领用材料应负担的材料成本差异为（　　）。

A.超支5万元　　B.节约5万元　　C.超支15万元　　D.节约15万元

13.某企业月初结存材料计划成本250万元，材料成本差异为超支差45万元；当月入库材料计划成本550万元，材料成本差异为节约差85万元；当月生产车间领用材料计划成本600万元。当月生产车间领用材料的实际成本为（　　）万元。

A.502.5　　B.570　　C.630　　D.697.5

14.某企业为增值税一般纳税人，原材料采用计划成本法核算。该企业某月购进原材料6 000吨，取得的增值税普通发票上注明价税总额140 400元；另发生保险费600元，取得普通发票；运输途中合理损耗5吨。若该材料计划成本每吨20元，则购进材料成本差异为（　　）元。

A.21 100　　B.-21 100　　C.21 000　　D.-21 000

15.某企业材料采用计划成本法核算。月初结存材料计划成本200万元，材料成本差异为节约差20万元；当月购入材料一批，实际成本135万元，计划成本150万元；领用材料计划成本180万元。当月月末结存材料的实际成本为（　　）万元。

A.153　　B.162　　C.170　　D.187

16. 企业对随同商品出售并单独计价的包装物进行账务处理时，该包装物的实际成本应结转到（　　）账户。

A. “制造费用”　　B. “销售费用”　　C. “管理费用”　　D. “其他业务成本”

17. 企业销售产品领用不单独计价包装物一批，计划成本10 000元，材料成本差异率为3%。对于此项业务下列账务处理正确的是（　　）。

A. 计入其他业务成本10 300元　　B. 计入其他业务成本10 000元

C. 计入销售费用10 300元　　D. 计入销售费用10 000元

18. 若包装物采用一次摊销法核算，当出借包装物不能继续使用而报废时，应将其残值（　　）。

A. 计入营业外支出　　B. 冲减营业外收入

C. 冲减销售费用　　D. 冲减其他业务成本

19. 对于价值较低或极易损坏的低值易耗品应采用（　　）摊销。

A. 五五摊销法　　B. 分次摊销法　　C. 一次摊销法　　D. 计划成本法

20. 对于使用期限较长、单位价值较高或一次领用数量较大的低值易耗品应采用（　　）摊销。

A. 实际成本法　　B. 分次摊销法　　C. 一次摊销法　　D. 计划成本法

21. 管理部门使用的低值易耗品在报废时，对其残料价值的账务处理正确的是（　　）。

A. 冲减当期的管理费用　　B. 冲减当期的制造费用

C. 计入营业外收入　　D. 冲减营业外支出

22.A公司委托B公司加工物资一批，A公司发出原材料实际成本为50 000元，完工收回时支付加工费2 000元（不含税）。该委托加工收回的物资属于应税消费品，同类物资在B公司目前的销售价格为70 000元。A公司收回委托加工物资后将用于生产非应税消费品。假设A、B公司均为增值税一般纳税人，适用增值税税率13%，消费税税率10%。该委托加工物资A公司已收回，并取得增值税专用发票，则该委托加工物资收回时的入账价值是（　　）元。

A.52 000　　B.57 778　　C.59 000　　D.59 340

23. 某企业收回属于应税消费品的委托加工物资一批，耗用原材料成本210万元，支付加工费10万元、增值税1.3万元、消费税1.7万元。收回的物资用于连续生产应税消费品，则该批委托加工收回的物资的入账价值为（　　）万元。

A.220　　B.221.7　　C.223　　D.221.3

24. 2019年6月5日，甲公司委托某量具厂加工一批量具，发出材料计划成本80 000元，材料成本差异率5%，以银行存款支付运杂费2 000元；6月25日以银行存款支付上述量具的加工费用20 000元、增值税2 600元；6月30日收回委托加工的量具，并以银行存款支付运杂费3 000元。假定本题运杂费均不能取得增值税专用发票，不考虑其他因素，甲公司该批委托加工收回的量具的实际成本是（　　）元。

A.102 000　　B.105 000　　C.103 000　　D.109 000

25. 甲、乙公司均为增值税一般纳税人，甲公司委托乙公司加工一批应缴消费税的半成品，收回后用于连续生产应税消费品。甲公司发出原材料实际成本210万元，支付加工费6万元、增值税0.78万元、消费税24万元。假定不考虑其他相关税费，甲公司收回的该批半成品的入账价值为（　　）万元。

A.216　　B.216.78　　C.240　　D.240.78

26.委托加工物资收回后用于连续生产应税消费品（预计最终售价高于加工环节的计税价格），其由受托方代收代缴的消费税应记入的账户是（　　）。

A.“税金及附加”　　B.“管理费用”

C.“委托加工物资”　　D.“应交税费——应交消费税”

27.甲公司为增值税一般纳税人，委托外单位加工一批应交消费税的商品，以银行存款支付加工费200万元、增值税26万元、消费税30万元，该委托加工商品收回后将直接用于销售。甲公司支付上述相关款项时，应编制的会计分录（单位：万元）是（　　）。

A.借：委托加工物资		256	
贷：银行存款			256
B.借：委托加工物资		230	
应交税费——应交增值税（进项税额）		26	
贷：银行存款			256
C.借：委托加工物资		200	
应交税费——应交增值税（进项税额）		26	
——应交消费税		30	
贷：银行存款			256
D.借：委托加工物资		256	
贷：银行存款			200
应交税费			56

28.某批发企业对存货采用毛利率法计价，某商品第一季度实际毛利率为30%，5月1日该商品成本1 800万元，5月购入该商品的成本4 200万元，销售收入4 500万元，发生销售退回450万元。则5月末该存货结存成本为（　　）万元。

A.3 165　　B.2 850　　C.1 950　　D.3 300

29.某企业采用售价金额核算法核算库存商品，本月月初库存商品成本为15万元，售价总额为22万元；本月购进商品成本为20万元，售价总额为28万元；本月销售商品收入为20万元。该企业本月销售商品成本总额为（　　）万元。

A.14　　B.23.8　　C.26.2　　D.19

30.甲商场采用售价金额核算法对库存商品进行核算，5月初库存商品进价总额300万元，售价总额460万元；本月购进商品进价总额400万元，售价总额540万元；本月销售商品售价总额800万元。假设不考虑相关税费，该商场本月末结存商品的实际成本为（　　）万元。

A.457.14　　B.560　　C.140　　D.242.86

31.企业对已记入“待处理财产损溢”账户的存货盘亏及毁损事项进行账务处理时，应计入管理费用的是（　　）。

A.管理不善造成的存货净损失　　B.自然灾害造成的存货净损失

C.应由保险公司赔偿的存货损失　　D.应由过失人赔偿的存货损失

32.对已记入“待处理财产损溢”账户的存货盘亏及毁损事项进行账务处理时，应转入营业外支出的是（　　）。

A.自然灾害造成的存货净损失　　B.管理不善造成的存货净损失

C.应由过失人赔偿的存货损失　　D.应由保险公司赔偿的存货损失

33.某企业原材料采用实际成本法核算。6月29日该企业对存货进行全面清查，发现短缺原材料一批，账面成本12 000元，已计提存货跌价准备2 000元。经确认应由保险公司赔偿4 000元，由过失人员赔偿3 000元，假定不考虑其他因素，该项存货清查业务应确认的净损失为（　　）元。

A.3 000　　B.5 000　　C.6 000　　D.8 000

34.某增值税一般纳税人因管理不善毁损库存原材料一批，其成本200万元，经确认应转出的增值税税额26万元；收回残料价值8万元，收到保险公司赔偿款112万元。假定不考虑其他因素，经批准企业确认该材料毁损净损失的会计分录（单位：万元）是（　　）。

A.借：营业外支出　　106
　　贷：待处理财产损溢　　106

B.借：管理费用　　106
　　贷：待处理财产损溢　　106

C.借：营业外支出　　80
　　贷：待处理财产损溢　　80

D.借：管理费用　　80
　　贷：待处理财产损溢　　80

35.某增值税一般纳税人，因暴雨库存原材料毁损一批，其成本200万元，对应的增值税税额26万元；收回残料价值8万元，收到保险公司赔偿款112万元。假定不考虑其他因素，报经批准后企业确认该材料毁损净损失的会计分录（单位：万元）是（　　）。

A.借：营业外支出　　112
　　贷：待处理财产损溢　　112

B.借：管理费用　　112
　　贷：待处理财产损溢　　112

C.借：营业外支出　　80
　　贷：待处理财产损溢　　80

D.借：管理费用　　80
　　贷：待处理财产损溢　　80

36.某企业因管理不善导致一批材料霉烂变质，该批材料价值16 000元，增值税进项税额2 080元。收到各种赔款1 500元，残料入库200元。报经批准后，记入“管理费用”账户的金额为（　　）元。

A.16 380　　B.18 080　　C.14 300　　D.14 400

37.某企业2018年12月31日存货的账面余额为20 000元，预计可变现净值为19 000元。2019年12月31日存货的账面余额仍为20 000元，预计可变现净值为21 000元。则2019年年末应冲减的存货跌价准备为（　　）元。

A.1 000　　B.2 000　　C.9 000　　D.3 000

38.当存货成本低于可变现净值时，存货应按（　　）计价。

A.成本　　B.可变现净值

C.成本与可变现净值孰高　　D.成本与可变现净值孰低

39.某企业2019年3月31日乙材料的实际成本为100万元，将其制成产成品估计还将发生成本20万元，估计销售费用和相关税费为2万元，估计用该材料生产的产成品售价为110万元。假定乙材料月初“存货跌价准备”账户余额为0，2019年3月31日应计提的存货跌价准备为（　　）万元。

A.−10　　B.0　　C.10　　D.12

40.某企业采用成本与可变现净值孰低法对存货进行期末计价，成本与可变现净值按单项存货进行比较。2019年12月31日，甲、乙、丙三种存货成本与可变现净值分别为：甲存货成本为10万元，可变现净值为8万元；乙存货成本为12万元，可变现净值为15万元；丙存货成本为18万元，可变现净值为15万元。甲、乙、丙三种存货已经计提的存货跌价准备分别为1万元、2万元、1.5万元。假定该企业只有这三种存货，2019年12月31日应补提的存货跌价准备总额为（　　）万元。

A.−0.5　　B.0.5　　C.2　　D.5

41.乙公司存货的发出计价方法采用先进先出法。2019年5月初库存A商品的账面余额为800万元，存货跌价准备为50万元；本月购入A商品的成本为230万元，本月销售A商品结转成本600万元，期末结余存货的预计售价为420万元，预计销售费用80万元，不考虑其他因素，则本月月末存货应计提的存货跌价准备为（　　）万元。

A.40　　B.52.5　　C.77.5　　D.85

42.企业通常应当选用的提取存货跌价准备的方法是（　　）。

A.按单个存货项目计提　　B.按存货类别计提

C.合并计提　　D.平均计提

三、多项选择题（下列各题至少有两个正确答案，请将正确答案填在括号内）

1.下列各项中，企业需暂估入账的有（　　）。

A.月末已验收入库但发票账单未到的原材料

B.已发出商品但货款很可能无法收回的商品销售

C.已达到预定可使用状态但尚未办理竣工决算的办公楼

D.董事会已通过但股东大会尚未批准的拟分配现金股利

2.企业可以采用的发出存货计价方法有（　　）。

A.先进先出法　　B.移动加权平均法

C.个别计价法　　D.成本与可变现净值孰低法

3.期末存货计价过高，可能会引起（　　）。

A.当期收益过高
B.当期负债过低
C.所有者权益过高
D.销售成本过低

4.下列关于发出存货计价方法优缺点的表述正确的有（　　）。

A.个别计价法下发出存货的成本计价最准确，但对于收发频繁的存货，工作量大

B.先进先出法下能随时结转存货发出成本，及时反映存货的资金占用情况，但工作量大

C.月末一次加权平均法下简化了成本计算工作，但不利于存货成本的日常管理和控制

D.移动加权平均法下成本计算较为客观，便于了解存货结存情况，但工作量大，收发频繁的存货不适用

5.实际成本法下，关于发出存货计价方法的选择下列说法正确的有（　　）。

A.不能替代使用的存货，发出成本一般适用个别计价法

B.物价基本稳定、收发频率不高的存货适合选用先进先出法

C.各期成本变动不大或品种较少或收发次数较少，且前后收入存货单位成本相差不大的存货发出成本适合选用月末一次加权平均法

D.为特定项目专门购入或制造的存货发出成本适合选用个别计价法

6.下列关于原材料按计划成本法核算的账务处理表述正确的有（　　）。

A.入库原材料超支差异应借记“材料成本差异”账户

B.发出材料应负担的节约差异应借记“材料成本差异”账户

C.发出材料应负担的超支差异应贷记“材料成本差异”账户

D.入库材料的节约差异应借记“材料成本差异”账户

7.“材料成本差异”账户贷方可以用来登记（　　）。

A.购进材料实际成本小于计划成本的差额

B.发出材料应负担的超支差异

C.发出材料应负担的节约差异

D.购进材料实际成本大于计划成本的差额

8.某企业原材料采用计划成本法核算，下列各项应在“材料成本差异”账户贷方登记的有（　　）。

A.入库原材料的成本超支差异

B.发出原材料应负担的成本超支差异

C.入库原材料的成本节约差异

D.发出原材料应负担的成本节约差异

9.在计划成本法下，下列账务处理正确的有（　　）。

A.购入材料时，借方按计划成本记入“材料采购”账户

B.购入材料时，借方按实际成本记入“在途物资”账户

C.材料入库时，借方按计划成本记入“原材料”账户，贷方按实际成本记入“材料采购”账户，差额记入“材料成本差异”账户

D.领用材料时，借方按计划成本计入相关成本费用账户，贷方记入“原材料”

账户

10.下列关于周转材料的账务处理表述正确的有（　　）。

A.多次周转使用的包装物应根据使用次数分次进行摊销

B.低值易耗品金额较小的可在领用时一次计入相关成本费用

C.随同商品销售出借的包装物的摊销额应计入管理费用

D.随同商品出售并单独计价的包装物取得的收入应计入其他业务收入

11.下列各项应计入销售费用的有（　　）。

A.随同商品出售而不单独计价的包装物成本

B.随同商品出售并单独计价的包装物成本

C.领用的用于出借的新包装物成本

D.对外销售的原材料的成本

12.下列各项应作为低值易耗品核算的有（　　）。

A.生产上通用的刀具、量具、夹具等生产工具和各种辅助工具

B.专用模具

C.管理工作中使用的各种家具和办公用具，如桌椅、柜、计算器等

D.劳动保护用品

13.下列各项构成委托加工物资成本的有（　　）。

A.加工中实际耗用物资的成本

B.支付的加工费用和保险费

C.收回后直接销售的委托加工物资由受托方代收代缴的消费税

D.收回后继续加工应税消费品的委托加工物资由受托方代收代缴的消费税

14.下列各项应计入存货实际成本的有（　　）。

A.用于继续加工应税消费品的委托加工物资收回时支付的消费税

B.小规模纳税人委托加工物资收回时所支付的增值税

C.用于委托加工的物资在运输途中发生的合理损耗

D.商品流通企业外购商品时所发生的合理损耗

15.某企业为增值税一般纳税人，委托其他单位加工应税消费品，该产品收回后继续加工应税消费品，下列各项应计入委托加工物资成本的有（　　）。

A.发出材料的实际成本　　B.支付给受托方的加工费

C.支付给受托方的增值税　　D.受托方代收代缴的消费税

16.小规模纳税人委托其他单位加工收回后直接对外销售的材料发生的下列支出应计入委托加工物资成本的有（　　）。

A.加工费　　B.增值税税额

C.发出材料的实际成本　　D.受托方代收代缴的消费税税额

17.下列各种物资应当作为企业存货核算的有（　　）。

A.委托加工物资　　B.在途材料

C.低值易耗品　　D.工程物资

18.2019年4月1日，某商场电器商品结存1 800万元，本月购入电器商品成本3 000

万元，本月销售部分售价3 400万元，上季度此类商品毛利率为25%，则下列计算正确的有（ ）。

A.本月销售毛利为850万元

B.本月销售成本为2 650万元

C.月末结存电器商品成本为2 250万元

D.月末结存电器商品成本为2 150万元

19.某商场为增值税一般纳税人，采用售价金额核算法对库存商品进行核算。该商场2019年2月份期初库存日用百货的进价成本为30万元，售价为40万元，本期购入日用百货的进价成本为270万元，售价为360万元，本期销售收入为340万元。下列处理正确的有（ ）。

A.商品的进销差价率=［（40−30）+（360−270）］÷（40+360）=25%

B.已销日用百货的实际成本=340×（1−25%）=255（万元）

C.期末库存日用百货的实际成本=30+270−255=45（万元）

D.期末库存日用百货的实际成本=270−255=15（万元）

20.某商场采用售价金额核算法对库存商品进行核算，2019年7月期初库存商品的进价成本为100万元，售价金额为110万元，本月购进该商品的进价成本为75万元，售价总额为90万元，本月销售收入为120万元。下列结果正确的有（ ）。

A.商品进销差价率为12.5%

B.已销商品应分摊的商品进销差价为15万元

C.本期销售商品的实际成本为105万元

D.期末结存商品的实际成本为70万元

21.企业进行材料清查时，对于盘亏的材料应先记入“待处理财产损溢”账户，待期末或报经批准后根据不同的原因可分别转入的账户有（ ）。

A.管理费用　　B.其他应付款

C.营业外支出　　D.其他应收款

22.下列各项关于存货盈亏的说法正确的有（ ）。

A.存货盘盈时，经批准后，存在记入“管理费用”账户的情况

B.存货盘亏时，经批准后，存在记入“管理费用”账户的情况

C.企业发生存货盘盈盘亏，会涉及“待处理财产损溢”账户

D.企业发生存货盘盈盘亏，不会涉及“其他应收款”账户

23.为反映企业在财产清查中发现的各种存货的盘盈、盘亏和毁损情况，企业应设置“待处理财产损溢”账户，该账户借方和贷方分别登记的是（ ）。

A.存货的盘亏、毁损金额，盘盈的转销金额

B.存货的盘亏、毁损金额，盘亏的转销金额

C.存货的盘盈金额，盘亏的转销金额

D.存货的盘盈金额，盘盈的转销金额

24.对于在存货清查中发现的盘亏与毁损（非自然灾害造成），下列各项表述正确的有（ ）。

A.应通过“待处理财产损溢——待处理流动资产损溢”账户核算

B.应在期末结账前查明原因，并且在期末结账前处理完毕

C.盘亏或毁损的净额应根据不同的原因分别记入“管理费用”“其他应收款”“营业外支出”等账户

D.若期末没有经有关管理部门的批准，“待处理财产损溢——待处理流动资产损溢”账户可能有余额，应在对外提供财务报告时予以披露

25.下列各项资产减值准备中，在符合相关条件时可以转回的有（　　）。

A.坏账准备　　B.存货跌价准备

C.无形资产减值准备　　D.固定资产减值准备

26.可变现净值中估计售价的确定方法有（　　）。

A.为执行销售合同或劳务合同而持有的存货，其可变现净值应当以产成品或商品的合同价格作为计算基础

B.如果企业持有存货的数量多于销售合同订购的数量，超出部分的存货可变现净值，应当以产成品或商品的合同价格作为计算基础

C.没有销售合同约定的存货，但不包括用于出售的材料，其可变现净值应当以产成品或者商品的一般销售价格（即市场销售价格）作为计算基础

D.用于出售的材料等，其可变现净值应当以市场价格作为计算基础

27.下列关于企业存货的表述正确的有（　　）。

A.存货应按照成本进行初始计量

B.存货成本包括采购成本、加工成本和其他成本

C.期末存货应按照成本与可变现净值孰低计量

D.存货采用计划成本法核算的，期末应将计划成本调整为实际成本

28.下列与存货相关的账务处理表述正确的有（　　）。

A.应收保险公司的存货损失赔偿款计入其他应收款

B.资产负债表日存货应按成本与可变现净值孰低计量

C.按管理权限报经批准的盘盈存货价值冲减管理费用

D.结转商品销售成本的同时转销其已计提的存货跌价准备

29.需要加工的材料存货期末可变现净值的确定应该考虑的因素有（　　）。

A.估计售价

B.至产品完工估计将要发生的加工成本

C.估计的销售费用

D.估计的相关税费

四、不定项选择题

1.新锐公司为增值税一般纳税人，增值税适用税率为13%，原材料按计划成本法核算。甲材料计划单位成本为每千克10元。该企业2019年9月发生如下经济业务：

（1）2日，公司上月已付款的购入甲材料4 040千克如数收到，已验收入库。

（2）10日，从外地A企业购入甲材料8 000千克，增值税专用发票上注明价款80 000元、增值税10 400元；运费1 000元，增值税90元。公司已用银行存款支付各种

款项，材料尚未到达。

（3）15日，从A企业购入的甲材料运达，验收入库时发现短缺40千克，经查明为运输途中定额内自然损耗，按实收数量验收入库。

（4）30日，汇总本月发料凭证，共发出甲材料7 000千克，全部用于产品生产。

（5）其他资料：假设甲材料本月末的可变现净值为72 000元。本月初有关账户资料如下："原材料——甲材料"账户借方余额20 000元，"材料成本差异"账户贷方余额700元，"材料采购——甲材料"账户借方余额40 000元，"存货跌价准备——甲材料"账户贷方余额为600元。

要求：根据上述资料回答下列（1）至（4）小题。

（1）下列账务处理正确的是（　　）。

A.业务（1）账务处理：

借：原材料——甲材料　　40 400

　　贷：材料采购——甲材料　　40 000

　　　　材料成本差异——甲材料　　400

B.业务（1）账务处理：

借：材料采购——甲材料　　40 400

　　贷：原材料——甲材料　　40 000

　　　　材料成本差异——甲材料　　400

C.业务（2）账务处理：

借：材料采购——甲材料　　81 000

　　应交税费——应交增值税（进项税额）　　10 490

　　贷：银行存款　　91 490

D.业务（2）账务处理：

借：材料采购　　81 090

　　应交税费——应交增值税（进项税额）　　10 400

　　贷：银行存款　　91 490

（2）关于业务（3），下列说法不正确的是（　　）。

A.合理损耗的数量不影响原材料的入账金额

B.合理损耗应计入实际采购成本

C.合理损耗应由运输企业承担赔偿责任

D.原材料的入账金额为79 600元

（3）关于业务（4），下列处理正确的是（　　）。（差异率保留2位小数）

A.发出材料的实际成本为69 849.99元

B.发出材料的实际成本为70 150.01元

C.会计分录为：

借：生产成本　　70 150.01

　　贷：原材料　　70 000

　　　　材料成本差异——甲材料　　150.01

D.会计分录为：

借：生产成本　69 849.99

　　材料成本差异——甲材料　150.01

　　贷：原材料　70 000

（4）下列关于月末存货减值的处理正确的是（　　）。

A.期末需要计提减值准备1 249.99元

B.期末应冲减减值准备1 849.99元

C.期末应冲减减值准备600元

D.期末应冲减资产减值损失600元

2.某企业为增值税一般纳税人，适用增值税税率为13%。2019年12月1日，该企业“原材料——甲材料”账户期初结存数量为2 000千克，单位成本为15元，未计提存货跌价准备。12月份发生如下原材料收发业务：

（1）8日，购入甲材料2 010千克，增值税专用发票上注明金额32 160元、税额4 180.80元。销货方代垫运杂费2 480元（不考虑增值税），运输过程中发生合理损耗10千克。材料已验收入库，款项尚未支付。

（2）16日，销售甲材料100千克，开出的增值税专用发票上注明金额2 000元、税额260元，材料已发出，并向银行办妥托收手续。

（3）20日，本月生产产品耗用甲材料3 000千克，生产车间一般耗用甲材料100千克。

（4）31日，采用月末一次加权平均法计算结转发出甲材料成本。

（5）31日，预计甲材料可变现净值为12 800元。

要求：根据上述资料，不考虑其他因素，分析回答下列（1）至（5）小题。

（1）根据业务（1），下列账务处理正确的是（　　）。

A.借记“原材料”32 160元

B.借记“应交税费——应交增值税（进项税额）”4 180.80元

C.借记“销售费用”2 480元

D.原材料的单位成本为17.32元

（2）根据业务（2），下列说法正确的是（　　）。

A.增加应收账款2 260元　　B.增加银行存款2 260元

C.增加应收票据2 260元　　D.增加其他货币资金2 260元

（3）根据业务（3），关于发出材料账务处理的表述正确的是（　　）。

A.生产产品耗用原材料应计入制造费用

B.生产产品耗用原材料应计入生产成本

C.生产车间一般耗用原材料应计入管理费用

D.生产车间一般耗用原材料应计入制造费用

（4）根据期初资料、业务（1）至（4），关于结转销售材料成本的账务处理结果正确的是（　　）。

A.甲材料加权平均单位成本16.16元

B.甲材料加权平均单位成本17.32元

C.其他业务成本增加1 616元

D.主营业务成本增加1 616元

（5）根据期初资料、业务（1）至（5），该企业12月份原材料的账务处理结果正确的是（　　）。

A.12月份应计提存货跌价准备128元

B.12月末列入资产负债表“存货”项目的“原材料”金额为12 800元

C.12月末甲材料的成本为12 928元

D.12月末甲材料成本高于其可变现净值，不计提存货跌价准备

任务五　固定资产核算

学习重点与难点

知识点1-5　固定资产的特征、确认与分类

固定资产的特征、确认与分类见表1-26。

表1-26　固定资产的特征、确认与分类

项　目	内　容
概念与特征	同时具有以下特征的资产属于固定资产：为生产商品、提供劳务、出租或经营管理而持有的；使用寿命超过一个会计年度；有形资产
确认	符合定义，同时满足以下两个条件：与该固定资产有关的经济利益很可能流入企业；该固定资产的成本能够可靠计量
分类	①按经济用途分类，分为生产经营用固定资产和非生产经营用固定资产 ②综合分类：生产经营用固定资产、非生产经营用固定资产、租出固定资产、不需用固定资产、未使用固定资产、土地、融资租入固定资产

技能点1-5　固定资产核算与列报

一、固定资产取得核算

固定资产取得核算见表1-27。

表1-27　　固定资产取得核算

<table>
<tr><th>项　目</th><th colspan="3">内　容</th></tr>
<tr><td>账户设置</td><td colspan="3">“固定资产”“在建工程”“工程物资”，全部为资产类账户</td></tr>
<tr><td rowspan="3">外购</td><td colspan="3">成本=买价+相关税费+使用固定资产达到预定可使用状态前发生的必要支出</td></tr>
<tr><td>不需安装</td><td colspan="2">借：固定资产
　　应交税费——应交增值税（进项税额）
　　贷：银行存款</td></tr>
<tr><td>需安装的</td><td>①购入时：
借：在建工程
　　应交税费——应交增值税（进项税额）
　　贷：银行存款等
②支付安装费等：
借：在建工程
　　应交税费——应交增值税（进项税额）
　　贷：银行存款等</td><td>③安装完毕达到预定可使用状态：
借：固定资产
　　贷：在建工程</td></tr>
<tr><td rowspan="2">自建</td><td>自营</td><td>①购入工程物资：
借：工程物资
　　应交税费——应交增值税（进项税额）
　　贷：银行存款等
注：自2019年4月起，购建不动产增值税分2年抵扣政策不再执行。
②领用工程物资：
借：在建工程
　　贷：工程物资</td><td>③领用原材料或自产货物：
借：在建工程
　　贷：原材料、库存商品等
④工程人员工资及其他费用等：
借：在建工程
　　贷：应付职工薪酬
　　　　银行存款
⑤达到预定可使用状态：
借：固定资产
　　贷：在建工程</td></tr>
<tr><td>出包</td><td>①按工程进度结算工程款或补付工程款：
借：在建工程
　　应交税费——应交增值税（进项税额）
　　贷：银行存款</td><td>②达到预定可使用状态：
借：固定资产
　　贷：在建工程</td></tr>
</table>

二、固定资产折旧核算

固定资产折旧核算见表1-28。

表 1-28　　固定资产折旧核算

项　目	内　容	
影响因素	原价、预计净残值、固定资产减值准备、使用寿命、折旧方法	
折旧范围	除以下情况外，企业应当对所有固定资产计提折旧：（1）已提足折旧仍继续使用的固定资产；（2）单独计价入账的土地；（3）持有待售的固定资产；（4）提前报废的固定资产	
折旧方法	年限平均法	年折旧额=（固定资产原价-预计净残值）÷预计使用年限=原价×年折旧率 年折旧率=（1-预计净残值率）÷预计使用年限×100% 月折旧率=年折旧率÷12 月折旧额=固定资产原价×月折旧率
	工作量法	单位工作量折旧额=固定资产原价×（1-预计净残值率）÷预计总工作量 月折旧额=当月工作量×单位工作量折旧额
	双倍余额递减法	年折旧率=2÷预计使用年限×100% 年折旧额=固定资产年初账面净值×年折旧率 月折旧率=年折旧率÷12 月折旧额=固定资产年初账面净值×月折旧率=年折旧额÷12 注意：采用双倍余额递减法，在固定资产使用期间的最后两年，将固定资产的账面净值扣除预计净残值后的净值平均摊销
	年数总和法	年折旧率=尚可使用年限÷预计使用年限的年数总和×100% 年折旧额=（固定资产原值-预计净残值）×年折旧率
账务处理	固定资产应按月计提折旧，当月增加的固定资产，当月不计提折旧，从下月起计提折旧；当月减少的固定资产，当月仍计提折旧，从下月起停止计提折旧。 借：制造费用（生产车间耗用） 　　管理费用（管理部门耗用、未使用固定资产） 　　销售费用（专设销售部门耗用） 　　其他业务成本（经营租出） 　　在建工程（自行建造固定资产过程中使用的固定资产） 　　研发支出（研发无形资产使用的固定资产） 　　贷：累计折旧	

三、固定资产后续支出核算

固定资产后续支出核算见表 1-29。

表 1-29　　固定资产后续支出核算

项　目	内　容
资本化后续支出	满足固定资产确认条件的，应当计入固定资产成本，有被替换的部分，应同时将被替换部分的账面价值从该固定资产原账面价值中扣除。具体业务依照在建工程进行处理
费用化后续支出	不满足固定资产确认条件的固定资产修理费用等，应在发生时计入当期损益： 借：管理费用（生产车间和行政管理部门） 　　销售费用（与专设销售机构相关） 　　其他业务成本（出租设备） 　　贷：银行存款

四、固定资产清查与减值核算

固定资产清查与减值核算见表1-30。

表1-30 固定资产清查与减值核算

<table>
<tr><th colspan="2">项 目</th><th colspan="2">内 容</th></tr>
<tr><td rowspan="3">固定资产清查</td><td>账户设置</td><td colspan="2">“待处理财产损溢——待处理固定资产损溢”</td></tr>
<tr><td>盘盈</td><td>盘盈固定资产作为前期差错处理：
①借：固定资产（重置成本）
贷：以前年度损益调整</td><td>②调整所得税，结转留存收益：
借：以前年度损益调整
贷：应交税费——应交所得税
借：以前年度损益调整
贷：盈余公积——法定盈余公积等</td></tr>
<tr><td>盘亏</td><td>①借：待处理财产损溢（盘亏的账面价值）
累计折旧
固定资产减值准备
贷：固定资产</td><td>②按管理权限报经批准后处理时：
借：其他应收款
营业外支出——盘亏损失
贷：待处理财产损溢</td></tr>
<tr><td rowspan="3">固定资产减值</td><td>账户设置</td><td colspan="2">“固定资产减值准备”</td></tr>
<tr><td>减值</td><td colspan="2">可收回金额低于账面价值的差额</td></tr>
<tr><td>会计分录</td><td colspan="2">借：资产减值损失——计提的固定资产减值准备
贷：固定资产减值准备</td></tr>
</table>

五、固定资产处置核算

固定资产处置核算见表1-31。

表1-31 固定资产处置核算

<table>
<tr><th>项 目</th><th colspan="2">内 容</th></tr>
<tr><td>内容</td><td colspan="2">固定资产处置包括固定资产出售、报废、毁损、对外投资、非货币性资产交换、债务重组等，不包括盘盈和盘亏</td></tr>
<tr><td>账户设置</td><td colspan="2">“固定资产清理”“资产处置损益”“营业外收入”“营业外支出”</td></tr>
<tr><td rowspan="2">账务处理</td><td>①固定资产转入清理：
借：固定资产清理
累计折旧
固定资产减值准备
贷：固定资产
②发生清理费用等：
借：固定资产清理
应交税费——应交增值税（进项税额）
贷：银行存款等</td><td>③收回残料、收到变价收入等：
借：原材料/银行存款
贷：固定资产清理
应交税费——应交增值税（销项税额）
④确认保险赔偿等：
借：其他应收款
贷：固定资产清理
⑤取得处置（出售或转让）价款：
借：银行存款
贷：固定资产清理
应交税费——应交增值税（销项税额）
或：应交税费——简易计税</td></tr>
<tr><td colspan="2">清理净损益依据固定资产处置方式不同分别处理：
①因丧失使用价值、自然灾害原因而报废清理产生的利得或损失，转入营业外收支：
借：营业外支出
贷：固定资产清理
或：
借：固定资产清理
贷：营业外收入
②因出售、转让、债务重组或非货币性资产交换等原因产生的固定资产处置利得或损失：
借：固定资产清理
贷：资产处置损益
或做相反会计分录</td></tr>
</table>

六、固定资产列报

固定资产列报见表1-32。

表1-32 固定资产列报

资产负债表项目	编制依据
固定资产	固定资产-累计折旧-固定资产减值准备±固定资产清理（借方余额以“+”号填列，贷方余额以“-”号填列）
在建工程	在建工程-在建工程减值准备+工程物资-工程物资减值准备

职业判断能力训练

知识点1-5 固定资产的特征、确认与分类

一、判断题（下列各题正确的在括号内打“√”，错误的打“×”）

1. 企业以融资租赁方式租入的固定资产，在租赁期内应视同自有固定资产管理。（ ）

2. 由于季节性经营或大修理等原因而暂时停用的固定资产可归为未使用固定资产。（ ）

3. 环保设备和安全设备的使用不能直接为企业带来经济利益，不能认定为固定资产。（ ）

4. 工业企业持有的工具、模具、管理用具等资产只能认定为流动资产。（ ）

5. 企业对于已达到预定可使用状态但尚未办理竣工决算的固定资产因其价值无法可靠计量，暂时不能认定为固定资产。（ ）

二、单项选择题（下列各题只有一个正确答案，请将正确答案填在括号内）

1. 下列各项资产可作为固定资产确认的是（ ）。

A. 甲公司自用的小汽车　　B. 4S店出售的汽车

C. 房地产公司准备出售的商品房　　D. 甲公司用于出租的厂房

2. 下列各项属于固定资产的是（ ）。

A. 以经营租赁方式租入的房屋　　B. 以融资租赁方式租入的生产设备

C. 周转使用的包装容器　　D. 周转使用的各种管理用具

三、多项选择题（下列各题至少有两个正确答案，请将正确答案填在括号内）

1. 下列说法符合固定资产特征的有（ ）。

A. 为生产商品、提供劳务而持有的　　B. 单位价值在2 000元以上

C. 为出租或经营管理而持有的　　D. 使用寿命超过一个会计年度

2. 固定资产按经济用途可分为（ ）。

A. 生产经营用固定资产　　B. 非生产经营用固定资产

C. 不需用固定资产　　D. 未使用固定资产

技能点1-5 固定资产核算与列报

一、判断题（下列各题正确的在括号内打"√"，错误的打"×"）

1. "工程物资"账户核算企业为在建工程而准备的各种物资的成本，属于流动资产账户。 （ ）

2. 企业自建固定资产应以建造该项资产竣工决算前所发生的必要支出作为固定资产的成本。 （ ）

3. 企业以融资租赁方式租入的固定资产，在租赁期内应视同自有固定资产进行管理。 （ ）

4. 企业购入不需要安装的固定资产，应按实际支付的价款、相关税费以及使固定资产达到预定可使用状态前的必要的合理的支出作为固定资产的入账成本。 （ ）

5. 企业以一笔款项购入多项没有单独标价的固定资产，应将各项资产单独确认为固定资产，并按照各项资产公允价值的比例对总成本进行分配，分别确定各项固定资产的成本。 （ ）

6. 自2019年4月1日起，增值税一般纳税人外购工程物资用于建造不动产在建工程的，其支付的增值税可以一次性抵扣进项税额。 （ ）

7. 企业自营工程建造固定资产领用本企业自产产品，应当视同销售计算增值税销项税额，将其计入工程成本中。 （ ）

8. 停止使用的生产性生物资产，应当自停止使用月份的当月起停止计算折旧。 （ ）

9. 季节性停用的固定资产不应计提折旧。 （ ）

10. 按现行制度规定，已提足折旧的固定资产不再计提折旧；未提足折旧提前报废的固定资产，仍需计提折旧，直至提足折旧为止。 （ ）

11. 企业一般应当按月提取折旧，当月增加的固定资产，当月计提折旧；当月减少的固定资产，当月不提折旧。 （ ）

12. 企业对经营租入和融资租入的固定资产均应按自有固定资产计提折旧。 （ ）

13. 固定资产折旧方法一经确定不得变更。 （ ）

14. 固定资产折旧方法的选择不但影响资产负债表中的资产总额，也影响利润表中的净利润。 （ ）

15. 按双倍余额递减法计提的折旧额在任何时期都大于按年限平均法计提的折旧额。 （ ）

16. 因进行大修理而停用的固定资产，应当停止计提折旧。 （ ）

17. 已达到预定可使用状态但尚未办理竣工决算的固定资产不应计提折旧。 （ ）

18. 对已达到预定可使用状态但尚未办理竣工决算的固定资产，待办理竣工决算后，若实际成本与原暂估价值存在差异，应调整已计提的折旧。 （ ）

19. 固定资产的各组成部分具有不同使用寿命、适用不同折旧率的，应当分别将各组成部分确认为单项固定资产计提折旧。 （ ）

20. 专门用于生产某产品的固定资产，其所包含的经济利益通过所生产的产品实现的，该固定资产的折旧额应计入产品成本。（　）

21. 企业生产车间发生的固定资产日常修理费用应确认为制造费用。（　）

22. 企业发生的固定资产改扩建支出符合资本化条件的，应计入相应的在建工程成本。（　）

23. 固定资产的大修理费用和日常修理费用应当采用预提或待摊的方式处理。（　）

24. 固定资产在更新改造过程中，如有被替换的部分，应将被替换部分的原值从该固定资产原账面价值中扣除。（　）

25. 企业专设销售机构的固定资产修理费用应当计入销售费用。（　）

26. 企业计提的固定资产减值准备，在以后期间价值恢复时，不得转回任何原已计提的减值准备。（　）

27. 企业当期确认的资产减值损失应当在利润表中反映，而计提的资产减值准备应在资产负债表中作为相关资产的备抵项目反映。（　）

28. 固定资产在计提了减值准备后，未来计提折旧时，仍然以原来的固定资产原值为基础计提每期的折旧，不用考虑所计提的固定资产减值准备。（　）

29. 企业盘盈或盘亏的固定资产均应先作待处理财产损溢处理，经过批准后再计入营业外收入或营业外支出。（　）

30. 企业出售不动产计算应交的增值税应直接记入“资产处置损益”账户。（　）

31. 固定资产清理完成后，如为借方余额，属于生产经营期间的正常处理损失，借记“管理费用”账户；属于自然灾害等原因造成的非正常损失，借记“营业外支出”账户。（　）

32. 固定资产的正常报废和非正常报废均应通过“固定资产清理”账户核算。（　）

33. 因出售固定资产产生的固定资产处置利得或损失，应记入“固定资产处置损益”账户。（　）

二、单项选择题（下列各题只有一个正确答案，请将正确答案填在括号内）

1. 下列用于核算企业为在建工程而准备的各种物资成本的账户是（　）。

A. “原材料”　B. “工程物资”　C. “在建工程”　D. “固定资产”

2. 一般纳税人购入不需要安装的生产经营用固定资产支付的可抵扣的增值税计入（　）。

A. 固定资产　B. 营业外支出　C. 在建工程　D. 应交税费

3. 下列各项中，可能计入固定资产成本的是（　）。

A. 土地增值税　B. 房产税　C. 车船税　D. 增值税

4. 甲公司为增值税一般纳税人，适用增值税税率13%，2019年甲公司购入1台需安装的生产设备。该设备购买价格1 000万元，增值税130万元；支付保险费50万元、增值税3万元；支付运输费10万元、增值税0.9万元。该设备安装期间，领用生产用原材料的实际成本为100万元，发生安装工人薪酬10万元。另支付为达到正常运转而发生的测试费20万元（不含税，测试劳务适用增值税税率6%），外聘专业人员服务费10万元（不含税，服务费适用增值税税率6%）。以上款项均以银行存款支付，且均取得了增值税专用发票。固定资产的入账价值为（ ）万元。

A.1 200　　B.1 370　　C.1 189.3　　D.1 169.3

5.甲公司为增值税一般纳税人，适用增值税税率13%，2019年甲公司购入一台不需要安装即可投入使用的设备，取得的增值税专用发票上注明金额300万元、税额39万元；另支付保险费7万元、增值税0.42万元。款项以银行存款支付。固定资产的入账价值为（ ）万元。

A.307　　B.300　　C.346　　D.304

6.某企业购入需要安装的生产设备一台，价款10 000元，增值税1 300元；安装中领用生产用材料，实际成本2 000元；领用自产库存商品，实际成本1 800元，市场售价2 500元。设备已安装完毕达到预定可使用状态。该企业为增值税一般纳税人，适用增值税税率13%。固定资产入账价值是（ ）元。

A.16 265　　B.15 085　　C.15 100　　D.13 800

7.某企业为增值税一般纳税人，适用增值税税率13%，2019年6月建造设备领用外购原材料实际成本20 000元，计税价格为24 000元，此项业务应计入在建工程成本的金额为（ ）元。

A.20 000　　B.22 600　　C.24 080　　D.27 120

8.某企业为增值税一般纳税人，适用增值税税率13%，2019年6月建造设备领用自产产品，实际成本20 000元，计税价格为24 000元，此项业务应计入在建工程成本的金额为（ ）元。

A.20 000　　B.22 600　　C.24 080　　D.27 120

9.某企业建造厂房领用原材料一批，成本为4 000万元，原购入时确认的增值税进项税额为520万元，则下列关于领用原材料的账务处理（单位：万元）正确的是（ ）。

A.借：在建工程　　4 520
　　贷：原材料　　4 000
　　　　应交税费——应交增值税（进项税额转出）　　520

B.借：管理费用　　4 000
　　贷：原材料　　4 000

C.借：管理费用　　4 520
　　贷：原材料　　4 000
　　　　应交税费——应交增值税（进项税额转出）　　520

D.借：在建工程　　4 000
　　贷：原材料　　4 000

10.下列各项固定资产不应计提折旧的是（ ）。

A.大修理停用的尚未提足折旧的固定资产

B.当月减少的尚未提足折旧的固定资产

C.正处于改良期间的经营租入固定资产

D.尚未提足折旧的融资租入固定资产

11.下列各项固定资产应计提折旧的是（　　）。

A.经营租赁方式租入的固定资产

B.季节性停用的尚未提足折旧的固定资产

C.融资租出的固定资产

D.正在改扩建的固定资产

12.2018年12月31日，甲公司购入一台设备并投入使用，其成本为25万元，预计使用年限5年，预计净残值1万元，采用双倍余额递减法计提折旧。假定不考虑其他因素，2019年该设备应计提的折旧为（　　）万元。

A.4.8　　B.8　　C.9.6　　D.10

13.2017年12月31日，甲公司购入一台设备，入账价值为100万元，预计使用年限为5年，预计净残值为4万元，采用双倍余额递减法计提折旧，则该项设备2019年应计提的折旧额为（　　）万元。

A.25.6　　B.19.2　　C.40　　D.24

14.一台设备原值350万元，预计使用年限5年，预计净残值率为5%，采用双倍余额递减法计提折旧，则5年内计提折旧总额为（　　）万元。

A.350　　B.332.5　　C.140　　D.287

15.2018年6月10日，甲公司购置一台不需安装即可投入使用的固定资产，固定资产的入账价值为600万元，预计使用年限为5年，预计净残值为0，采用双倍余额递减法计提折旧。2019年度甲公司对该项固定资产计提的折旧金额为（　　）万元。

A.120　　B.192　　C.115.2　　D.144

16.企业购进一台设备，该设备的入账价值为100万元，预计净残值为5.6万元，预计使用年限为5年。在采用年数总和法计提折旧的情况下，该项设备第3年应提折旧额为（　　）万元。

A.31.47　　B.25.17　　C.18.88　　D.12.59

17.某企业2019年3月初应计提折旧固定资产原值为1 000万元，3月新增一台设备，入账价值为175万元；同月减少一台设备，原价80万元。该企业3月份计提折旧的基数为（　　）万元。

A.1 075　　B.1 000　　C.975　　D.900

18.若不考虑固定资产减值准备，下列方法中每期折旧额相等的折旧方法是（　　）。

A.工作量法　　B.双倍余额递减法

C.年数总和法　　D.年限平均法

19.一般应在固定资产使用期间的最后两年，将固定资产的净值扣除预计净残值后的净额平均摊销的折旧方法是（　　）。

A.工作量法　　B.双倍余额递减法

C.年数总和法　　D.年限平均法

20.企业闲置的固定资产计提的折旧应记入的账户是（　　）。

A.“制造费用” B.“销售费用” C.“管理费用” D.“财务费用”

21.下列关于企业计提固定资产折旧账务处理的表述中，不正确的是（ ）。

A.管理部门使用的固定资产计提的折旧应计入管理费用

B.财务部门使用的固定资产计提的折旧应计入财务费用

C.生产车间使用的固定资产计提的折旧应计入制造费用

D.专设销售机构使用的固定资产计提的折旧应计入销售费用

22.某企业对一条生产线进行改扩建，该生产线原价1 000万元，已计提折旧300万元，改扩建生产线发生相关支出800万元，满足固定资产确认条件，则改扩建后生产线的入账价值为（ ）万元。

A.800 B.1 500 C.1 800 D.1 000

23.甲公司对一条生产线进行更新改造，该生产线原价为120万元，已提折旧60万元。改造过程中发生支出30万元，被替换部分的账面价值15万元。更新改造后生产线的入账价值为（ ）万元。

A.75 B.65 C.135 D.150

24.下列各项固定资产后续支出中，不能资本化的支出是（ ）。

A.使固定资产生产的产品质量提高的后续支出

B.使固定资产的生产能力提高的后续支出

C.恢复或保持资产的原有性能标准，以确保未来经济利益的实现的后续支出

D.使固定资产的预计使用年限延长

25.固定资产减值是指固定资产的（ ）低于其账面价值的情况。

A.可变现净值 B.可收回金额

C.预计未来现金流量现值 D.公允价值

26.下列各项中，不会导致固定资产账面价值发生增减变动的是（ ）。

A.盘盈固定资产 B.以经营租赁方式租入设备

C.以固定资产对外投资 D.对固定资产计提减值准备

27.某企业2019年12月31日对其拥有的一台设备进行减值测试时发现，该资产如果立即出售不含税价为920万元，发生的处置费用预计为20万元；如果继续使用，在该资产使用寿命终结时现金流量现值为888万元。该资产目前的账面价值为910万元。该企业在2019年12月31日应该计提的固定资产减值准备为（ ）万元。

A.10 B.20 C.12 D.2

28.某企业于2017年3月购入一台不需安装的生产用固定资产，实际成本6 000万元。该固定资产预计使用年限为20年，预计净残值为零，按直线法计提折旧。2017年12月31日，该固定资产公允价值为5 544万元，2018年12月31日该固定资产公允价值为5 475万元，假设该企业其他固定资产无减值迹象，则2019年1月1日固定资产减值准备账面余额为（ ）万元。

A.0 B.219 C.231 D.156

29.甲公司于2018年12月20日购入一台设备，实际成本为50万元，预计使用年限为5年，预计净残值为零，采用直线法计提折旧。2019年年末对该设备进行检查，估计

其可收回金额为36万元。则2019年年末该设备应确认资产减值损失的金额为（　　）万元。

A.14　　B.0　　C.10　　D.4

30.某企业2018年12月31日购入一台设备，入账价值为200万元，预计使用年限为10年，预计净残值为20万元，采用年限平均法计提折旧。2019年12月31日该设备存在减值迹象，经测试预计可收回金额为120万元。2019年12月31日该设备账面价值应为（　　）万元。

A.120　　B.160　　C.180　　D.182

31.企业自用仓库出租，出租时账面原值300万元，已计提折旧30万元，计提减值准备40万元，公允价值400万元，则该仓库的账面价值为（　　）万元。

A.400　　B.300　　C.230　　D.260

32.资产减值的影响因素消失，已确认的减值可以在其已计提的金额内转回的是（　　）。

A.投资性房地产　　B.固定资产　　C.存货　　D.无形资产

33.当有迹象表明企业已计提了减值准备的固定资产减值因素消失时，其计提的减值准备应该（　　）。

A.按账面价值超过可收回金额的差额全部予以转回

B.按账面价值超过可收回金额的差额补提资产减值准备

C.不进行账务处理

D.按账面价值超过可收回金额的差额在原来计提的减值准备范围内予以转回

34.某企业出售一台设备，原价160 000元，已提折旧35 000元，已提固定资产减值准备10 000元，出售设备时发生各种清理费用3 000元，出售设备所得价款123 000元（不含税），适用增值税税率13%。该设备出售净损益为（　　）元。

A.-83 581.20　　B.83 581.20　　C.5 000　　D.-5 000

35.甲公司2019年3月因意外事故报废汽车一部，该汽车账面原值360 000元，已提折旧150 000元，应由保险公司赔偿120 000元，以现金支付清理费用1 500元，残料变价收入3 000元已存入银行，不考虑其他因素，则该汽车处置损益为（　　）元。

A.88 500　　B.-88 500　　C.85 500　　D.-85 500

36.下列关于固定资产的表述中，错误的是（　　）。

A.经营出租的生产设备计提的折旧记入“其他业务成本”账户

B.当月新增固定资产，下月开始计提折旧

C.生产线的日常修理费记入“管理费用”账户

D.设备报废清理费记入“管理费用”账户

三、多项选择题（下列各题至少有两个正确答案，请将正确答案填在括号内）

1.在采用自营方式建造固定资产的情况下，下列各项应计入固定资产成本的有（　　）。

A.工程项目耗用的工程物资

B.在建工程人员工资

C.生产车间为工程提供的水电等费用

D.企业行政管理部门为组织和管理生产经营活动而发生的费用

2.在采用自营方式建造办公楼的情况下，下列各项应计入办公楼成本的有（　　）。

A.企业行政管理部门为组织和管理生产经营活动而发生的费用

B.工程领用本企业自产产品涉及的增值税销项税额

C.生产车间为工程提供的水电等费用

D.工程项目耗用的工程物资

3.下列各项不能在“固定资产”账户核算的有（　　）。

A.正在安装的购入设备　　B.经营性租入的设备

C.融资租入不需安装的设备　　D.购入的不需安装的设备

4.下列各项不通过“在建工程”账户核算的有（　　）。

A.购入的需要安装的设备

B.购入的不需要安装的设备

C.固定资产达到预定可使用状态前的专门借款利息（未发生中断并符合资本化条件）

D.固定资产达到预定可使用状态后发生的利息支出

5.下列各项应计入固定资产成本的有（　　）。

A.固定资产进行日常修理发生的人工费用

B.固定资产安装过程中发生的人工费用

C.固定资产达到预定可使用状态前发生的工程物资盘亏净损失

D.固定资产达到预定可使用状态前进行试运营时发生的支出

6.甲公司为增值税一般纳税人，购入一台不需要安装的设备，取得的增值税专用发票上注明金额30 000元、税额3 900元；取得的增值税专用发票上注明运费700元、增值税63元。全部款项以银行存款支付。甲公司下列处理正确的有（　　）。

A.固定资产初始成本为30 700元

B.编制会计分录：

借：固定资产	30 700	
应交税费——应交增值税（进项税额）	3 963	
贷：银行存款		34 663

C.固定资产取得成本=30 000+3 900+700+63=34 663（元）

D.编制会计分录：

借：固定资产	34 663	
贷：银行存款		34 663

7.下列各项中，影响固定资产折旧的因素有（　　）。

A.固定资产原价　　B.固定资产的使用寿命

C.固定资产预计净残值　　D.已计提的固定资产减值准备

8.下列各项中，应计提固定资产折旧的有（　　）。

A.经营租入的设备

B.融资租入的办公楼

C.已投入使用但未办理竣工决算的厂房

D.已达到预定可使用状态但未投产的生产线

9.下列固定资产应计提折旧的有（　　）。

A.已提足折旧仍在使用的固定资产

B.经营租出的固定资产

C.未提足折旧提前报废的设备

D.达到预定可使用状态的在建工程转入固定资产后的第二个月

10.下列固定资产应计提折旧的有（　　）。

A.因季节性经营或大修理等原因而暂停使用的固定资产

B.已达到预定可使用状态但尚未投入使用的固定资产

C.按规定单独估价作为固定资产入账的土地

D.闲置的固定资产

11.下列有关固定资产折旧的账务处理中，不符合现行会计制度规定的有（　　）。

A.自行建造的固定资产应自办理竣工决算时开始计提折旧

B.因固定资产改良而停用的生产设备应继续计提折旧

C.融资租赁取得的固定资产应自租赁开始日起计提折旧

D.经营租入的固定资产不需要计提折旧

12.下列各项关于企业固定资产折旧方法的表述中，正确的有（　　）。

A.年限平均法需要考虑固定资产的预计净残值

B.年数总和法计算的固定资产折旧额逐年递减

C.双倍余额递减法不需要考虑固定资产的预计净残值

D.年数总和法不需要考虑固定资产的预计净残值

13.下列各项固定资产折旧计提方法中，始终考虑固定资产净残值的折旧方法有（　　）。

A.工作量法　　B.双倍余额递减法

C.年数总和法　　D.年限平均法

14.双倍余额递减法和年数总和法这两种固定资产折旧计提方法的共同点有（　　）。

A.都属于加速折旧方法　　B.每期折旧率是固定的

C.前期的折旧高，后期的折旧低　　D.都不考虑残值

15.下列各项固定资产折旧计提方法中，在计提折旧的前期要考虑净残值的有（　　）。

A.工作量法　　B.双倍余额递减法

C.年数总和法　　D.年限平均法

16.下列各项有关固定资产折旧的账务处理正确的有（　　）。

A.管理部门使用的固定资产计提的折旧应计入管理费用

B.销售部门使用的固定资产计提的折旧应计入销售费用

C.经营租出固定资产计提的折旧应计入其他业务成本

D.自行建造固定资产过程中使用的固定资产（专用设备）计提的折旧应计入在建工程

17. 甲企业于2019年1月对某生产线进行更新改造，该生产线账面原值为800万元，已计提折旧500万元，已计提减值准备40万元。改造时被替换资产的账面价值为50万元，发生的可资本化的相关支出共计210万元。2019年6月工程完工并达到预定可使用状态，改良后生产线使用寿命为5年，预计净残值为零，按年数总和法计提折旧。该生产线更新改造后原价和2019年应计提的折旧分别为（　　）万元。

A.420　　B.510　　C.140　　D.70

18. 下列关于固定资产后续支出的表述中，正确的有（　　）。

A. 固定资产发生的不符合资本化条件的更新改造支出应当在发生时计入当期管理费用、销售费用或制造费用

B. 固定资产发生的不符合资本化条件的装修费用应当在发生时计入当期管理费用、销售费用或制造费用

C. 固定资产大修理费用和日常修理费用通常不符合资本化条件，应当作为当期费用处理，不得采用预提或摊销方式处理

D. 固定资产发生的符合资本化条件的更新改造支出计入其成本的，应同时终止确认被替换部分的账面价值

19. 固定资产的后续支出核算可能涉及的会计科目有（　　）。

A. “在建工程”　　B. “制造费用”　　C. “管理费用”　　D. “销售费用”

20. 融资租入的固定资产发生的装修费用，符合有关规定可予以资本化的，应在（　　）三者中较短期间内单独计提折旧。

A. 两次装修期间　　B. 整个租赁期

C. 剩余租赁期　　D. 尚可使用年限

21. 下列各项中，会引起固定资产账面价值发生变化的有（　　）。

A. 对固定资产进行修理

B. 对办公楼进行装修发生符合资本化条件的支出

C. 对融资租入固定资产进行改良

D. 计提固定资产减值准备

22. 下列各项中，会引起固定资产账面价值发生变化的有（　　）。

A. 计提固定资产减值准备　　B. 计提固定资产折旧

C. 对固定资产进行改扩建　　D. 对固定资产进行大修理

23. 可收回金额按照（　　）两者中较高者确定。

A. 长期资产的账面价值减去处置费用后的净额

B. 长期资产的公允价值减去处置费用后的净额

C. 未来现金流量

D. 未来现金流量现值

24. 下列关于固定资产账务处理的表述中，正确的有（　　）。

A. 固定资产的折旧方法一经确定不得改变

B. 固定资产减值损失一经确认在以后会计期间不得转回

C. 季节性停用的固定资产不停止计提折旧

D.自行建造的固定资产应自办理竣工决算时开始计提折旧

25.“固定资产清理”账户核算内容包括（　　）。

A.固定资产报废　　　　B.固定资产出售

C.固定资产盘盈　　　　D.固定资产改建

26.下列固定资产的相关损失项目中，不应计入资产处置损益的有（　　）。

A.建造过程中在建工程项目某一单项工程发生的毁损损失

B.经营期间出售固定资产发生的净损失

C.报废固定资产发生的净损失

D.经批准结转的固定资产盘亏损失

27.企业经营期间结转固定资产清理净损益时，可能涉及的账户有（　　）。

A.“管理费用”　　　　B.“营业外收入”

C.“营业外支出”　　　　D.“资产处置损益”

28.下列各项中，影响固定资产清理净损益的因素包括（　　）。

A.出售固定资产的价款

B.转让固定资产缴纳的增值税

C.转让固定资产缴纳的城市维护建设税

D.毁损固定资产取得的赔偿

29.下列各项中，必须通过“固定资产清理”账户进行核算的有（　　）。

A.固定资产毁损

B.将固定资产对外投资

C.将固定资产用于非货币性资产交换

D.期末出现固定资产盘盈

30.下列各项中，可能对固定资产处置损益产生影响的有（　　）。

A.累计折旧　　　　B.增值税

C.固定资产减值准备　　　　D.清理费用

31.下列各项中，影响固定资产清理净损益的有（　　）。

A.清理固定资产发生的税费

B.清理固定资产的变价收入

C.固定资产的账面价值

D.清理固定资产耗用的材料成本

32.甲公司现有一台设备由于性能等原因决定提前报废，原价500 000元，已计提折旧450 000元，未计提减值准备，报废时的残料变价收入20 000元，报废清理过程中发生清理费用3 500元。有关收入、支出均已通过银行办理结算。假定不考虑相关税费，甲公司应编制的会计分录有（　　）。

A.将报废固定资产转入清理时：

借：固定资产清理	50 000	
累计折旧	450 000	
贷：固定资产		500 000

B.收到残料变价收入时：

借：银行存款　　20 000

　　贷：固定资产清理　　20 000

C.支付清理费用时：

借：固定资产清理　　3 500

　　贷：银行存款　　3 500

D.结转报废固定资产发生的净损失时：

借：营业外支出　　33 500

　　贷：固定资产清理　　33 500

33.丙公司因遭受水灾而毁损一座仓库，该仓库原价4 000 000元，已计提折旧1 000 000元，未计提减值准备；其残料估计价值50 000元，残料已办理入库；发生清理费用20 000元，以现金支付；经保险公司核定应由其赔偿损失1 500 000元，尚未收到赔款。假定不考虑相关税费。丙公司编制的下列会计分录正确的有（　　）。

A.将毁损的仓库转入清理时：

借：固定资产清理　　3 000 000

　　累计折旧　　1 000 000

　　贷：固定资产　　4 000 000

B.残料入库时：

借：原材料　　50 000

　　贷：固定资产清理　　50 000

C.支付清理费用时：

借：固定资产清理　　20 000

　　贷：库存现金　　20 000

D.确定应由保险公司赔偿的损失时：

借：其他应收款　　1 500 000

　　贷：固定资产清理　　1 500 000

四、不定项选择题

1.甲企业2019年12月初，固定资产账面余额3 500万元，累计折旧1 200万元，未发生减值准备。2019年至2020年该企业发生如下有关固定资产的业务：

（1）2019年12月12日，购入一台不需要安装的生产用N设备，增值税专用发票上注明金额120万元、税额15.6万元，发生保险费2万元、增值税0.12万元。上述款项全部以银行存款支付。该设备预计可使用年限为10年，预计净残值为2万元，按年限平均法计提折旧。

（2）2020年5月1日，甲企业准备自建库房一栋。5月2日，购入工程物资，取得的增值税专用发票上注明金额200万元、税额26万元，款项以银行存款支付，该批物资工程当日全部领用。5月10日，工程领用本企业生产的水泥一批，市场不含税售价60万元，实际成本30万元。8月30日，确认5月至8月累计支付工程人员工资40万元。

（3）2020年8月30日，自建库房工程完工达到预定可使用状态，预计该库房可以使用50年，预计净残值为0。

（4）2020年12月25日，N设备因雷电意外毁损，以银行存款支付不含税清理费用1万元，应收保险公司赔偿款50万元。

要求：假定甲企业取得增值税专用发票经过税务机关认证，不考虑其他因素，根据上述资料，分析回答下列（1）至（5）小题。

（1）根据业务（1），甲企业N设备的入账价值是（　　）万元。

A.141.32　　B.122　　C.140.4　　D.120

（2）根据期初资料和业务（1），下列各项中，关于N设备计提折旧的处理表述正确的是（　　）。

A.N设备的年折旧率为9.84%

B.2020年N设备计提的折旧额为12万元

C.自2020年1月起对N设备开始计提折旧

D.N设备计提的折旧费计入制造费用

（3）根据业务（2），企业自行建造库房的账务处理（单位：万元）正确的是（　　）。

A.5月2日，购入工程物资时：

借：工程物资　200

　　应交税费——应交增值税（进项税额）　26

　　贷：银行存款　226

B.5月2日，购入工程物资时：

借：工程物资　200

　　应交税费——应交增值税（进项税额）　15.6

　　　　——待抵扣进项税额　10.4

　　贷：银行存款　226

C.5月10日，领用本企业自产水泥时：

借：在建工程　30

　　贷：库存商品　30

D.8月30日，确认累计支付的工程人员工资时：

借：在建工程　40

　　贷：应付职工薪酬　40

（4）根据期初资料、业务（1）与业务（4），下列关于该企业N设备毁损的账务处理结果表述正确的是（　　）。

A.转入固定资产清理的N设备账面价值为110万元

B.支付清理费，借记“固定资产清理”1万元

C.应收保险公司赔偿款，借记“其他应收款”50万元

D.毁损的N设备导致企业营业外支出增加60万元

（5）根据期初资料、业务（1）至业务（4），2020年12月31日，该企业“固定资产”账户余额是（　　）万元。

A.3 890　　B.3 600　　C.3 500　　D.3 770

任务六　无形资产和长期待摊费用核算

学习重点与难点

知识点1-6　无形资产的特征、确认与内容

无形资产的特征、确认与内容见表1-33。

表1-33　无形资产的特征、确认与内容

项　目	内　容
定义	无形资产是指企业拥有或控制的没有实物形态的可辨认的非货币性资产
特征	不具有实物形态；具有可辨认性；属于非货币性长期资产
确认	符合定义的前提下同时满足以下两个条件：与该无形资产有关的经济利益很可能流入企业；该无形资产的成本能够可靠地计量

技能点1-6　无形资产和长期待摊费用核算与列报

一、无形资产取得核算

无形资产取得核算见表1-34。

表1-34　无形资产取得核算

<table>
<tr><th>项　目</th><th colspan="3">内　容</th></tr>
<tr><td>账户</td><td colspan="3">“无形资产”“研发支出”</td></tr>
<tr><td>外购</td><td colspan="2">入账成本=买价+相关税费+直接归属于使该项资产达到预定用途所发生的其他支出。不包括：①为宣传新产品发生的广告费、管理费用及其他间接费用；②达到预定用途后发生的费用</td><td>借：无形资产
　　应交税费——应交增值税（进项税额）
　　贷：银行存款等</td></tr>
<tr><td rowspan="4">自行研发</td><td>研究阶段支出</td><td>费用化，计入当期损益</td><td rowspan="2">无法区分研究阶段和开发阶段的支出，应在发生时费用化，计入当期损益</td></tr>
<tr><td>开发阶段支出</td><td>满足无形资产定义及确认条件的，予以资本化，计入无形资产成本</td></tr>
<tr><td>发生研发支出</td><td colspan="2">借：研发支出——资本化支出
　　　　　　——费用化支出
　　贷：银行存款等</td></tr>
<tr><td>结转研发支出</td><td colspan="2">借：无形资产
　　管理费用
　　贷：研发支出——资本化支出
　　　　　　　　——费用化支出</td></tr>
</table>

二、无形资产摊销与减值核算

无形资产摊销与减值核算见表1-35。

表1-35　　无形资产摊销与减值核算

<table>
<tr><th colspan="2">项　目</th><th>内　容</th></tr>
<tr><td rowspan="6">摊销</td><td>范围</td><td>使用寿命有限的无形资产应进行摊销</td></tr>
<tr><td>金额</td><td>摊销总金额=无形资产成本-预计净残值
使用寿命有限的无形资产的残值一般视为零</td></tr>
<tr><td>时间</td><td>按月摊销，当月增加的，当月开始摊销；当月减少的，当月不再摊销</td></tr>
<tr><td>方法</td><td>直线法、产量法</td></tr>
<tr><td>账户</td><td>“累计摊销”</td></tr>
<tr><td>账务处理</td><td>借：管理费用（企业自用）
　　其他业务成本（出租）
　　制造费用（生产产品）
　　贷：累计摊销</td></tr>
<tr><td rowspan="4">减值</td><td>范围</td><td>使用寿命不确定的无形资产不应摊销，但应进行减值测试</td></tr>
<tr><td>账户</td><td>“无形资产减值准备”</td></tr>
<tr><td rowspan="2">账务处理</td><td>无形资产减值损失一经确认，在以后会计期间不得转回，但处置无形资产时应转销</td></tr>
<tr><td>计提时：
借：资产减值损失
　　贷：无形资产减值准备</td></tr>
</table>

三、无形资产处置核算

无形资产处置核算见表1-36。

表1-36　　无形资产处置核算

<table>
<tr><th>项　目</th><th colspan="2">账务处理</th></tr>
<tr><td>出售</td><td colspan="2">借：银行存款等
　　累计摊销
　　无形资产减值准备
　　贷：无形资产
　　　　应交税费——应交增值税（销项税额）
　　借或贷：资产处置损益（差额）</td></tr>
<tr><td>出租</td><td>取得租金：
借：银行存款等
　　贷：其他业务收入
　　　　应交税费——应交增值税（销项税额）</td><td>摊销：
借：其他业务成本
　　贷：累计摊销</td></tr>
<tr><td>报废</td><td colspan="2">借：累计摊销
　　无形资产减值准备
　　营业外支出（借差）
　　贷：无形资产
　　　　营业外收入（贷差）</td></tr>
</table>

四、长期待摊费用核算

长期待摊费用核算见表1-37。

表1-37 长期待摊费用核算

项　目	内　容	
定义	长期待摊费用是指企业已经发生但应由本期和以后各期负担的分摊期限在1年以上的各项费用，如以经营租赁方式租入的固定资产发生的改良支出等	
账户	“长期待摊费用”，资产类	
账务处理	发生时： 借：长期待摊费用 　　应交税费——应交增值税（进项税额） 　　贷：银行存款/原材料/应付职工薪酬等	摊销时： 借：管理费用/销售费用等 　　贷：长期待摊费用

五、无形资产和长期待摊费用列报

无形资产和长期待摊费用列报见表1-38。

表1-38 无形资产和长期待摊费用列报

资产负债表项目	编制依据
无形资产	无形资产-累计摊销-无形资产减值准备
开发支出	“研发支出”账户所属的“资本化支出”明细账户期末余额
长期待摊费用	“长期待摊费用”账户的期末余额减去将于1年内（含1年）摊销的数额后的金额

职业判断能力训练

知识点1-6 无形资产的特征、确认与内容

一、判断题（下列各题正确的在括号内打“√”，错误的打“×”）

1.无形资产是指企业拥有或控制的没有实物形态的非货币性资产，包括可辨认无形资产和不可辨认无形资产。（　　）

2.除房地产企业以外的企业单独取得土地使用权时，均应将取得时发生的支出资本化计入无形资产成本。（　　）

3.无形资产的可辨认性特征是区别于商誉的显著标志。（　　）

4.商誉不具有实物形态，且属于非货币性长期资产，因此商誉应作为无形资产核算。（　　）

二、单项选择题（下列各题只有一个正确答案，请将正确答案填在括号内）

1.下列各项不能确认为无形资产的是（　　）。

A.以购买方式取得的土地使用权

B.商誉

C.以吸收投资方式取得的土地使用权

D.以购买方式取得的非专利技术

2. 下列各项应作为无形资产入账的是（　　）。

A. 开办费　　B. 为获得土地使用权支付的土地出让金

C. 商誉　　D. 开发新技术过程中发生的研究开发费

三、多项选择题（下列各题至少有两个正确答案，请将正确答案填在括号内）

1. 下列各项关于无形资产的说法正确的有（　　）。

A. 无形资产不具有实物形态

B. 无形资产不具有可辨认性

C. 专利权和非专利技术都属于无形资产

D. 企业持有无形资产不是为了出售而是用于生产经营

2. 下列各项可以确认为无形资产的有（　　）。

A. 电脑公司为客户开发的软件

B. 企业的高级专业技术人才

C. 有偿取得为期15年的高速公路收费权

D. 购买的商标权

技能点1-6　无形资产和长期待摊费用核算与列报

一、判断题（下列各题正确的在括号内打“√”，错误的打“×”）

1. 无形资产达到预定用途以后发生的费用，不构成无形资产成本。（　　）

2. 企业无法可靠区分研究阶段和开发阶段支出的，应将其所发生的研发支出全部资本化计入无形资产成本。（　　）

3. 对自行研发并按法定程序申请取得的无形资产，按在研究与开发过程中发生的材料费用、直接参与开发人员的工资及福利费、开发过程中发生的租金、借款费用，以及注册费、聘请律师费等费用作为无形资产的实际成本。（　　）

4. 已计入各期费用的研究费用，在该无形资产获得成功并依法申请专利时，需将原已计入费用的研究费用资本化。（　　）

5. 企业自行开发无形资产发生的研发支出，无论是否满足资本化条件，均应先在“研发支出”账户归集。（　　）

6. “无形资产”账户的期末借方余额反映企业无形资产的账面价值。（　　）

7. 对于企业取得的所有无形资产均应按期摊销。（　　）

8. 无形资产均应进行摊销，且其摊销额计入当期损益。（　　）

9. 寿命有限的无形资产，如无法可靠确定经济利益预期实现方式，应采用直线法摊销。（　　）

10. 使用寿命有限的无形资产应当自达到预定用途的下月起开始摊销。（　　）

11. 无形资产的残值都为零。（　　）

12. 无形资产的减值损失确认后，以后期间减值因素消失时，可将原确认的减值损失转回。（　　）

13. 出售无形资产属于企业的日常活动，其出售取得的收入应记入“其他业务收入”

账户。（ ）

14.不再能够为企业带来经济利益的无形资产，其摊余价值应当全部转入当期损益。（ ）

15.企业以经营租赁方式租入的固定资产发生的改良支出，应直接计入当期损益。（ ）

16.长期待摊费用是指企业将要发生并且应由以后各期负担的分摊期在一年以上的各项费用。（ ）

二、单项选择题（下列各题只有一个正确答案，请将正确答案填在括号内）

1.甲公司为增值税一般纳税人，2019年1月5日以2 700万元购入一项专利权，另支付相关税费200万元（其中可以抵扣的增值税162万元）。为推广用该专利权生产的产品，甲公司发生广告宣传费60万元、增值税3.6万元。假设不考虑其他因素，该专利权的初始入账成本为（ ）万元。

A.2 700　　B.2 900　　C.2 960　　D.2 738

2.某企业开始自行研发一项非专利技术，2019年1月1日研发成功并达到预定用途。该非专利技术研究阶段累计支出为300万元（不符合资本化条件），开发阶段的累计支出为800万元（其中不符合资本化条件的支出为200万元）。以上支出均不包括可抵扣的增值税，则该非专利技术的入账价值为（ ）万元。

A.800　　B.900　　C.1 100　　D.600

3.2019年8月1日，某企业开始研究开发一项新技术，当月共发生研发支出800万元，其中，费用化的金额650万元，符合资本化条件的金额150万元，以上支出均不包括可抵扣的增值税。8月末，研发活动尚未完成，2019年8月该企业计入当期利润总额的研发支出为（ ）万元。

A.0　　B.150　　C.650　　D.800

4.企业自行研发非专利技术，其研究开发过程中发生的支出，应当区分研究阶段支出与开发阶段支出分别处理。无法区分研究阶段支出和开发阶段支出的，应当将所发生的研发支出全部费用化，计入（ ）。

A.管理费用　　B.营业外支出　　C.销售费用　　D.财务费用

5.企业购入或以支付土地出让金方式取得的土地使用权，用于开发建造自用项目的，通常应在（ ）账户核算。

A.“固定资产”　　B.“在建工程”　　C.“无形资产”　　D.“长期待摊费用”

6.企业发生的研发支出应先记入的账户是（ ）。

A.“无形资产”　　B.“管理费用”　　C.“研发支出”　　D.“累计摊销”

7.下列各项关于无形资产的表述不正确的是（ ）。

A.使用寿命不确定的无形资产不应进行摊销

B.无形资产摊销方法应反映其经济利益的预期实现方式

C.各种无形资产的摊销额应全部计入当期损益

D.使用寿命有限的无形资产应自可供使用当月起开始摊销

8.下列各项关于无形资产的说法正确的是（ ）。

A.无形资产的残值一经确定，不得变更

B.对于使用寿命不确定的无形资产，应在每年年末进行减值测试

C.对于使用寿命不确定的无形资产，有证据表明其使用寿命有限时，要对以前没有摊销的年限进行追溯调整

D.使用寿命有限的无形资产和使用寿命不确定的无形资产，都应在每个会计年度末进行减值测试

9.企业摊销自用的、使用寿命有限的无形资产时，借记“管理费用”等账户，贷记的账户是（　　）。

A.“无形资产”　　B.“累计折旧”

C.“无形资产减值准备”　　D.“累计摊销”

10.下列与无形资产相关的账务处理表述不正确的是（　　）。

A.无法可靠区分研究阶段和开发阶段的支出应当全部费用化

B.使用寿命有限的无形资产应自可供使用的当月起开始摊销

C.不满足资本化条件的研发支出应当费用化

D.出租无形资产的摊销额计入营业外支出

11.下列各项关于无形资产的表述正确的是（　　）。

A.使用寿命不确定的无形资产账面价值均应按10年平均摊销

B.计提的无形资产减值准备在相应减值因素消失时应予转回

C.商誉应确认为无形资产

D.以支付土地出让金方式取得的自用土地使用权应单独确认为无形资产

12.在会计期末，企业持有的无形资产的账面价值高于其可收回金额的差额应当记入的账户是（　　）。

A.“管理费用”　　B.“资产减值损失”

C.“其他业务成本”　　D.“营业外支出”

13.2019年1月20日，甲公司自行研发的某项非专利技术已经达到预定用途，累计研究支出为80万元，累计开发支出为250万元（其中符合资本化条件的支出200万元），但使用寿命不能合理确定。2019年12月31日，该项非专利技术的可收回金额为180万元。以上支出均不包括可抵扣的增值税，假定不考虑其他相关税费，甲公司应就该项非专利技术计提的减值准备为（　　）万元。

A.20　　B.70　　C.100　　D.150

14. A公司于2018年1月5日购入专利权支付价款225万元（不含增值税）。该无形资产预计使用年限为5年，采用直线法摊销。2019年12月31日，由于与该无形资产相关的经济因素发生不利变化，致使其发生减值，A公司估计其可收回金额为90万元，则2019年年末，该项无形资产应计提的减值准备为（　　）万元。

A.90　　B.30　　C.60　　D.45

15.某企业转让一项专利权，有关的资料如下：该专利权的账面余额50万元，累计摊销20万元，已计提资产减值准备5万元，取得转让价款33.708万元（含增值税）。假设不考虑其他因素，该企业应确认的转让无形资产净损益为（　　）万元。

A.-2　　B.1.6　　C.6.8　　D.8

16.甲公司以400万元的价格转让一项专利技术。该专利技术购入时原价款为450万元，受益年限为10年，法律规定的有效使用期限为12年。转让时已使用4年，采用直线法摊销。不考虑减值准备及相关税费。企业在转让时应确认的净损益为（　　）万元。

A.200　　B.130　　C.220　　D.250

17.下列各项关于无形资产的处理，不正确的是（　　）。

A.无形资产的出租收入应当确认为其他业务收入

B.无形资产的成本自可供使用当月起进行摊销

C.无形资产的研究与开发费用应在发生时计入无形资产的成本

D.处置无形资产时应当将取得的价款扣除无形资产账面价值及出售相关税费后的差额计入资产处置损益

18.下列各项中，不会引起无形资产账面价值发生增减变动的是（　　）。

A.对无形资产计提减值准备

B.转让无形资产所有权

C.摊销无形资产

D.发生无形资产的后续支出，如相关活动宣传费

19.下列各项中，应计入长期待摊费用的是（　　）。

A.生产车间固定资产日常修理支出

B.经营租入固定资产发生的改良支出

C.生产车间固定资产更新改造支出

D.融资租入固定资产发生的改良支出

20.下列各项中，通过“长期待摊费用”核算的是（　　）。

A.行政管理部门发生的固定资产日常修理费用支出

B.生产车间发生的固定资产日常修理费用支出

C.经营租入固定资产发生的改良支出

D.融资租入固定资产发生的改良支出

21.2019年3月1日，某企业对以经营租赁方式租入的办公楼进行装修，发生职工薪酬15万元，其他费用45万元。2019年10月31日，该办公楼装修完工，达到预定可使用状态并交付使用，至租赁到期还有5年。假定不考虑其他因素，该企业发生的装修费用对2019年度损益的影响金额为（　　）万元。

A.45　　B.12　　C.2　　D.60

三、多项选择题（下列各题至少有两个正确答案，请将正确答案填在括号内）

1.外购无形资产的成本包括（　　）。

A.购买价款

B.进口关税

C.除增值税外的相关税费

D.直接归属于使该项资产达到预定用途所发生的其他支出

2.下列各项支出应计入无形资产成本的有（　　）。

A.购入专利权发生的支出　　B.购入商标权发生的支出

C.取得土地使用权发生的支出　　D.研究阶段发生的新技术研发支出

3.根据企业会计准则规定，企业自行研发取得的专利权发生的下列费用不应计入该专利权初始成本的有（　　）。

A.发生的注册费　　B.发生的聘请律师费

C.研究阶段发生的材料费　　D.研究阶段发生的研究人员工资

4.企业按期对无形资产进行摊销时，借方账户可能有（　　）。

A.“管理费用”　　B.“其他业务成本”

C.“在建工程”　　D.“制造费用”

5.下列关于工业企业无形资产的表述正确的有（　　）。

A.使用寿命有限的无形资产，不进行摊销

B.使用寿命不确定的无形资产，不予以摊销

C.无形资产减值损失一经确认，在以后会计期间不得转回

D.租出无形资产的摊销额，应计入其他业务成本

6.下列关于无形资产的表述正确的有（　　）。

A.寿命不确定的无形资产不计提减值准备

B.寿命有限的无形资产应进行摊销

C.寿命有限的无形资产应按产量法摊销

D.已计提的无形资产减值准备在以后期间不得转回

7.下列关于无形资产摊销的账务处理表述正确的有（　　）。

A.自用无形资产的摊销额均计入管理费用

B.出租无形资产的摊销额应计入其他业务成本

C.使用寿命有限的无形资产应当自可供使用当月起开始摊销

D.使用寿命不确定的无形资产不应摊销

8.下列关于企业资产减值的表述正确的有（　　）。

A.应收款项期末应按照账面余额与其未来现金流量的现值孰低计量

B.存货期末应按照成本与可变现净值孰低计量

C.固定资产期末应按照账面价值与可收回金额孰低计量

D.无形资产期末应按照账面价值与可收回金额孰低计量

9.2016年1月1日，某企业购入一项专利技术，当日投入使用，初始入账价值为800万元，摊销年限为10年，采用直线法进行摊销。2019年年末对该无形资产进行减值测试，该专利技术预计可收回金额为450万元，假定不考虑其他因素，2019年12月31日下列关于该项专利技术的账务处理结果的表述正确的有（　　）。

A.2019年12月31日该项专利技术的账面价值为450万元

B.2019年12月31日该项专利技术的账面价值为480万元

C.2019年度该无形资产的摊销额为80万元

D.2019年度该无形资产的摊销额为75万元

10.下列各项中，会引起无形资产账面价值发生增减变动的有（　　）。

A.对无形资产计提减值准备

B.企业内部研究开发项目研究阶段发生的支出

C.摊销无形资产成本

D.企业内部研究开发项目开发阶段发生不满足无形资产确认条件的支出

11.下列关于无形资产后续计量的说法不正确的有（　　）。

A.使用寿命不确定的无形资产，应按10年进行摊销

B.无形资产的摊销必须采用直线法

C.使用寿命不确定的无形资产应按系统合理的方法摊销

D.企业无形资产的摊销方法应当反映与该项无形资产有关的经济利益的预期实现方式

12.通常情况下，使用寿命有限的无形资产应当在其预计使用年限内摊销，但如果预计使用年限超过了相关合同规定的受益年限或法律规定的有效年限，下列确定摊销年限的说法正确的有（　　）。

A.合同没有规定受益年限，法律规定有效年限的，摊销年限不应超过有效年限

B.合同规定了受益年限，法律也规定了有效年限的，摊销年限按照不短于10年摊销

C.合同规定了受益年限，法律也规定了有效年限的，摊销年限按两者中较短者摊销

D.合同规定了受益年限，法律没有规定有效年限的，摊销年限不应超过受益年限

13.下列关于无形资产账务处理的表述正确的有（　　）。

A.预期不能给企业带来经济利益的专利权应终止确认无形资产

B.无形资产减值损失确认后不能转回

C.处置无形资产形成的净损失应计入资产处置损益

D.使用寿命不确定的无形资产不应摊销

14.下列有关无形资产账务处理的表述正确的有（　　）。

A.无形资产的后续支出应该在发生时计入当期损益

B.企业自用的使用寿命有限的无形资产的摊销金额，应该全部计入当期的管理费用

C.不能为企业带来经济利益的无形资产的摊余价值，应该全部转入当期的管理费用

D.使用寿命有限的无形资产应当自可供使用当月起开始摊销

15.下列各项中，能够引起无形资产账面价值发生增减变动的有（　　）。

A.转让无形资产所有权　　B.无形资产摊销

C.发生无形资产维护支出　　D.无形资产减值迹象消失

16.下列各项中，应计入相关资产成本的有（　　）。

A.经营租入管理用设备的租赁费

B.非企业合并方式下取得长期股权投资发生的相关税费

C.购进原材料在运输途中发生的合理损耗

D.按法定程序申请取得专利权而发生的费用

四、不定项选择题

甲企业为增值税一般纳税人，2018年至2019年发生的与无形资产有关的业务如下：

（1）2018年1月5日，甲企业开始自行研发一项行政管理用非专利技术，截至2018年6月30日，用银行存款支付外单位协作费64万元，领用本单位原材料成本18万元（不考虑增值税），经测试，该项研发活动已完成研究阶段。

（2）2018年7月1日上述非专利技术研发活动进入开发阶段，该阶段发生研究人员薪酬支出28万元，领用材料成本62万元（不考虑增值税），全部符合资本化条件。2018年12月1日，该项研发活动结束，最终形成一项非专利技术并投入使用，该非专利技术预计可使用年限为5年，预计净残值为0，采用直线法摊销。

（3）2019年1月1日，甲企业将该非专利技术出租给乙企业，双方约定租赁期限为2年，甲企业每月月末以银行转账方式收取租金1.2万元（不含增值税）。

（4）2019年12月31日，租赁期届满，经减值测试，该非专利技术的可收回金额为45万元。

要求：根据上述资料，不考虑其他因素，回答下列（1）至（5）小题。

（1）根据业务（1）和业务（2），甲企业自行研究开发的无形资产的入账价值为（　　）元。

A.820 000　　B.900 000　　C.1 080 000　　D.1 720 000

（2）根据业务（1）至业务（3），下列关于甲企业该非专利技术摊销的账务处理表述正确的是（　　）。

A.应当自可供使用的下月起开始摊销

B.应当自可供使用的当月起开始摊销

C.该非专利技术出租前的摊销额应计入管理费用

D.摊销方法应当反映与该非专利技术有关的经济利益的预期实现方式

（3）根据业务（3），甲企业2019年1月出租无形资产和收取租金的账务处理正确的是（　　）。

A.借：其他业务成本	15 000	
贷：累计摊销		15 000
B.借：管理费用	15 000	
贷：累计摊销		15 000
C.借：银行存款	12 000	
贷：其他业务收入		12 000
D.借：银行存款	12 720	
贷：其他业务收入		12 000
应交税费——应交增值税（销项税额）		720

（4）根据业务（4），甲企业该非专利技术的减值金额为（　　）万元。

A.0　　B.7.5　　C.20　　D.37.5

（5）根据业务（1）至业务（4），甲企业2019年12月31日应列入资产负债表“无形资产”项目的金额为（　　）万元。

A.90　　B.52.5　　C.45　　D.82.5

项目二　负债核算

任务一　短期借款与长期借款核算

学习重点与难点

技能点 2-1　短期借款与长期借款定义、账户设置、核算与列报

短期借款与长期借款定义、账户设置、核算与列报见表2-1。

表 2-1　　短期借款与长期借款定义、账户设置、核算与列报

<table>
<tr><th colspan="3">项　目</th><th colspan="2">内　容</th></tr>
<tr><td rowspan="6">短期借款</td><td colspan="2">定义</td><td colspan="2">短期借款是指企业向银行或其他金融机构等借入的期限在一年以下（含一年）的各种借款</td></tr>
<tr><td colspan="2">账户设置</td><td colspan="2">“短期借款”“应付利息”“财务费用”</td></tr>
<tr><td rowspan="3">账务处理</td><td>取得借款</td><td colspan="2">借：银行存款
　　贷：短期借款</td></tr>
<tr><td>利息计提与支付</td><td>方式一：先预提后支付
按月计提：
借：财务费用等
　　贷：应付利息
季末支付：
借：应付利息（预提）
　　财务费用（当期）
　　贷：银行存款</td><td>方式二：按月支付
借：财务费用
　　贷：银行存款</td></tr>
<tr><td>偿还本金</td><td colspan="2">借：短期借款
　　贷：银行存款</td></tr>
<tr><td colspan="2">列报</td><td colspan="2">资产负债表项目：“短期借款”，根据“短期借款”账户的期末余额填列</td></tr>
</table>

续表

<table>
<tr><th colspan="2">项　目</th><th colspan="2">内　容</th></tr>
<tr><td rowspan="8">长期借款</td><td>定义</td><td colspan="2">长期借款是指企业向银行或其他金融机构借入的期限在1年以上（不含1年）的各项借款</td></tr>
<tr><td>账户设置</td><td colspan="2">“长期借款——本金、应计利息、利息调整”“应付利息”</td></tr>
<tr><td rowspan="5">账务处理</td><td>取得借款</td><td>借：银行存款
　　长期借款——利息调整（差额）
　　贷：长期借款——本金</td></tr>
<tr><td rowspan="2">计提利息</td><td>原则：符合资本化条件的利息费用（不区分筹建期或生产经营期）均计入相关资产的成本；不符合资本化条件的利息费用，发生在筹建期间的计入管理费用，发生在生产经营期间的计入财务费用</td></tr>
<tr><td>借：管理费用（筹建期间，不符合资本化条件）
　　财务费用（生产经营期间，不符合资本化条件）
　　制造费用（用于生产产品，符合资本化条件）
　　研发支出（用于开发无形资产，符合资本化条件）
　　在建工程（用于购建固定资产，符合资本化条件）
　　贷：应付利息（分期付息的）
　　　　长期借款——应计利息（到期一次还本付息的）
　　　　　　　　——利息调整（差额）</td></tr>
<tr><td>偿还本金</td><td>借：长期借款——本金
　　贷：银行存款</td></tr>
<tr><td>支付利息</td><td>借：应付利息（分期付息最后一期）
　　长期借款——应计利息（到期一次还本付息）
　　贷：银行存款</td></tr>
<tr><td>列报</td><td colspan="2">资产负债表项目：“长期借款”，根据“长期借款”账户的期末余额扣除“长期借款”账户所属明细账户中将在资产负债表日起一年内到期且企业不能自主地将清偿义务展期的长期借款后的金额计算填列</td></tr>
</table>

职业判断能力训练

技能点2-1 短期借款与长期借款定义、账户设置、核算与列报

一、判断题（下列各题正确的在括号内打“√”，错误的打“×”）

1.短期借款利息属于投资费用，应记入“财务费用”账户。（　　）

2.到期一次还本付息的短期借款，短期借款的账面价值应包括利息费用。（　　）

3. 短期借款的账面余额包含计提的利息的金额。（　　）

4. 企业将于一年内偿还的长期借款，不应列入资产负债表“长期借款”项目。（　　）

5. 到期一次还本付息的长期借款利息应通过“长期借款——应计利息”账户核算。（　　）

6. 长期借款与短期借款的利息均应记入“财务费用”账户。（　　）

二、单项选择题（下列各题只有一个正确答案，请将正确答案填在括号内）

1. 核算短期借款利息时，通常不会涉及的账户是（　　）。

A.“应付利息”　　B.“财务费用”

C.“银行存款”　　D.“短期借款”

2. 2019年7月1日，甲企业向银行借入一笔经营周转资金100万元，期限6个月，到期一次还本付息，年利率为6%，借款利息按月预提，2019年11月30日该短期借款的账面价值为（　　）万元。

A.120.5　　B.102.5　　C.100　　D.102

3. 某企业2019年1月1日向银行借入一笔期限为3个月的短期借款1 000 000元，到期一次还本付息，年利率6%。借款利息实际支付时确认，不预提。4月1日，企业以银行存款偿还短期借款本息的账务处理正确的是（　　）。

A. 借：	短期借款	1 000 000	
	财务费用	15 000	
	贷：银行存款		1 015 000
B. 借：	短期借款	1 000 000	
	应付利息	7 500	
	财务费用	7 500	
	贷：银行存款		1 015 000
C. 借：	短期借款	1 000 000	
	应付利息	15 000	
	贷：银行存款		1 015 000
D. 借：	短期借款	1 015 000	
	贷：银行存款		1 015 000

4. 下列关于长期借款利息费用的账务处理表述错误的是（　　）。

A. 筹建期间不符合资本化条件的借款利息费用计入管理费用

B. 生产经营期间不符合资本化条件的借款利息费用计入财务费用

C. 为购建固定资产发生的符合资本化条件的借款利息费用计入在建工程

D. 为购建厂房发生的借款利息费用在所建厂房达到预定可使用状态后的部分计入管理费用

5. 下列关于长期借款的利息支出表述错误的是（　　）。

A. 生产经营期间不符合资本化条件的利息支出应计入财务费用

B. 到期一次还本付息的长期借款计提的利息支出应记入“长期借款——应计利息”

账户

C.筹建期间不符合资本化条件的利息支出计入财务费用

D.分期付息的长期借款计提的利息支出计入应付利息

6.甲企业2019年1月1日向银行借入资金500万元，期限3年，年利率6%，年末计息，下年初支付利息，到期还本并支付最后一年利息，则2019年12月31日该长期借款账面价值为（　　）万元。

A.500　　B.590　　C.560　　D.530

7.2019年9月1日，某企业向银行借入资金350万元用于生产经营，借款期限为3个月，年利率为6%，到期一次还本付息，利息按月计提。该借款相关账户的账务处理结果正确的是（　　）。

A.借入款项时，借记“短期借款”账户350万元

B.每月计提利息时，贷记“财务费用”账户5.25万元

C.每月计提利息时，借记“应付利息”账户1.75万元

D.借款到期归还本息时，贷记“银行存款”账户355.25万元

8.2019年1月1日，某企业向银行借入资金600 000元，期限6个月，年利率5%，借款利息按月计提，季末支付，本金到期归还。2019年6月30日，该企业支付借款利息的账务处理正确的是（　　）。

A.借：财务费用　　5 000
　　　应付利息　　2 500
　　贷：银行存款　　7 500

B.借：财务费用　　7 500
　　贷：银行存款　　7 500

C.借：应付利息　　5 000
　　贷：银行存款　　5 000

D.借：财务费用　　2 500
　　　应付利息　　5 000
　　贷：银行存款　　7 500

三、多项选择题（下列各题至少有两个正确答案，请将正确答案填在括号内）

1.2019年2月1日，甲企业因急需流动资金，从银行取得5个月期限的借款200 000元，年利率为6%，按月计提利息，6月30日到期偿还本息。假定不考虑其他因素，下列账务处理正确的有（　　）。

A.取得借款时：

借：银行存款　　200 000
　贷：短期借款　　200 000

B.每月计提利息：

借：财务费用　　1 000
　贷：短期借款——应计利息　　1 000

C.到期还本付息：

借：短期借款　　200 000
　　应付利息　　4 000
　　财务费用　　1 000
　　贷：银行存款　　205 000

D.到期还本付息：

借：短期借款——本金　　200 000
　　　　——应计利息　　5 000
　　贷：银行存款　　205 000

2.企业支付短期借款利息时，可能借记的账户有（　　）。

A.“短期借款”　　B.“预提费用”

C.“应付利息”　　D.“财务费用”

3.核算长期借款发生的利息支出可能借记的账户有（　　）。

A.“销售费用”　　B.“财务费用”

C.“在建工程”　　D.“管理费用”

4.下列关于长期借款利息的说法正确的有（　　）。

A.购建固定资产符合资本化条件的借款利息应记入“在建工程”账户

B.用于生产经营的借款的利息记入“制造费用”账户

C.自行开发无形资产符合资本化条件的借款利息记入“研发支出”账户

D.筹建期间不符合资本化条件的借款利息记入“管理费用”账户

任务二　应付及预收款项核算

学习重点与难点

技能点2-2　应付及预收款项定义、账户设置、核算与列报

一、应付票据定义、账户设置及核算

应付票据定义、账户设置及核算见表2-2。

表2-2　应付票据定义、账户设置及核算

项　目	内　容
定义	应付票据是指企业购买材料、商品或接受劳务供应等而开出、承兑的商业汇票
账户设置	“应付票据”

续表

<table>
<tr><th>项 目</th><th colspan="4">内 容</th></tr>
<tr><td rowspan="3">账务处理</td><td>开出汇票</td><td>①购买材料或商品时：
借：材料采购/原材料/库存商品
应交税费——应交增值税（进项税额）
贷：应付票据</td><td>②偿还货款时：
借：应付账款
贷：应付票据</td><td>③支付银行承兑汇票手续费：
借：财务费用
贷：银行存款</td></tr>
<tr><td colspan="4">带息票据，一般在中期期末和年度终了计提利息：
借：财务费用
贷：应付票据</td></tr>
<tr><td>应付票据转销</td><td>①商业承兑汇票到期，如企业无力支付票款：
借：应付票据
贷：应付账款</td><td colspan="2">②银行承兑汇票到期，如企业无力支付票款：
借：应付票据
贷：短期借款</td></tr>
</table>

二、应付账款定义、账户设置及核算

应付账款定义、账户设置及核算见表2–3。

表2–3 应付账款定义、账户设置及核算

<table>
<tr><th>项目</th><th colspan="2">内容</th></tr>
<tr><td>定义</td><td colspan="2">应付账款是指企业因购买材料、商品或接受劳务供应等经营活动应支付的款项</td></tr>
<tr><td>账户设置</td><td colspan="2">“应付账款”</td></tr>
<tr><td>入账金额</td><td colspan="2">一般为应付金额；有商业折扣的，为扣除商业折扣后的金额；有现金折扣的，按扣除现金折扣前的金额入账</td></tr>
<tr><td rowspan="2">账务处理</td><td>①购入材料应付未付款：
借：材料采购（或在途物资、原材料等）
应交税费——应交增值税（进项税额）
贷：应付账款</td><td>②接受供应单位提供劳务发生的应付未付款项：
借：生产成本
管理费用等
贷：应付账款</td></tr>
<tr><td>③偿还应付账款或开出商业汇票抵付应付账款：
借：应付账款
贷：银行存款
应付票据
有现金折扣的，还应贷记“财务费用”</td><td>④转销无法支付的应付账款：
借：应付账款
贷：营业外收入</td></tr>
</table>

三、预收账款定义、账户及核算

预收账款定义、账户及核算见表2–4。

表 2-4　　预收账款定义、账户及核算

项　目	内　容		
定义	预收账款是指企业按合同规定向购货单位预收的款项。预收账款所形成的负债应以货物清偿		
账户设置	“预收账款”。预收款不多的企业可以不设“预收账款”账户，通过“应收账款”账户核算		
账务处理	预收货款： 借：银行存款 　　贷：预收账款	发出商品： 借：预收账款 　　贷：主营业务收入 　　　　应交税费——应交增值税（销项税额）	购买方补付不足款： 借：银行存款 　　贷：预收账款 （向购买方退回多余款，会计分录与上相反）

四、应付及预收款项列报

应付及预收款项列报见表2-5。

表 2-5　　应付及预收款项列报

资产负债表项目	编制依据
应付票据	根据“应付票据”账户的期末余额直接填列
应付账款	根据“应付账款”和“预付账款”账户所属的相关明细账户的期末贷方余额合计数填列
预收款项	根据“预收账款”和“应收账款”账户所属各明细账户的期末贷方余额合计数填列
其他应付款	根据“应付利息”“应付股利”“其他应付款”账户的期末余额合计数填列

职业判断能力训练

技能点 2-2　应付及预收款项定义、账户设置、核算与列报

一、判断题（下列各题正确的在括号内打“√”，错误的打“×”）

1. 应付票据属于企业的非流动负债。（　　）

2. 企业支付银行承兑汇票的手续费应当计入当期管理费用。（　　）

3. 银行承兑汇票到期，企业无力支付票款的，应将应付票据按账面余额转入应付账款。（　　）

4. 应付票据只能用于核算企业购买材料、商品或接受劳务供应等而开出的银行承兑汇票。（　　）

5.企业开出并承兑带息商业汇票时，应按其面值贷记“应付票据”账户。（ ）

6.企业购买货物附带现金折扣条件的，应按照扣除现金折扣后的金额作为应付账款的入账金额。（ ）

7.应付账款如果出现借方余额代表的是预付账款。（ ）

8.企业外购电力、燃气等动力一般在每月支付时先作暂付款记入“应付账款”账户。（ ）

9.预收账款属于流动负债，因此，如果企业不单设“预收账款”账户，可以将预收账款并入“应付账款”账户核算。（ ）

10.对于预收账款形成的债务，企业不是以货币形式偿付，而是以货物或劳务进行偿付。（ ）

11.“预收账款”账户的借方登记发生的预收货款数额和购货单位补付的货款数额。（ ）

12.企业向投资者宣告发放现金股利，应在宣告时确认为费用。（ ）

13.企业董事会或类似机构通过的利润分配方案中拟分配的现金股利或利润，不需要进行账务处理，但应在附注中披露。（ ）

二、单项选择题（下列各题只有一个正确答案，请将正确答案填在括号内）

1.企业应付商业承兑汇票到期无力支付时，正确的账务处理是将应付票据账面余额（ ）。

A.转作短期借款　B.转作应付账款　C.转作其他应付款　D.仅作备查登记

2. 2019年2月1日某企业购入原材料一批，开出一张面值为116 000元、期限为3个月的不带息的商业承兑汇票。2019年5月1日汇票到期，该企业因资金困难无力支付票款，下列账务处理正确的是（ ）。

A.借：应付票据　116 000
　　贷：短期借款　116 000

B.借：应付票据　116 000
　　贷：其他应付款　116 000

C.借：应付票据　116 000
　　贷：应付账款　116 000

D.借：应付票据　116 000
　　贷：预付账款　116 000

3.2019年3月1日，某企业购入一批服装，开出一张面值为23 200元、期限为3个月的银行承兑汇票。2019年6月1日汇票到期，该企业无力支付票款，下列账务处理正确的是（ ）。

A.借：应付票据　23 200
　　贷：短期借款　23 200

B.借：应付票据　23 200
　　贷：其他应付款　23 200

C.借：应付票据　23 200

贷：应付账款 23 200

D.借：应付票据 23 200

贷：预付账款 23 200

4.企业发生赊购商品业务，下列各项不影响应付账款入账金额的是（ ）。

A.商品价款 B.增值税进项税额

C.现金折扣 D.销货方代垫运杂费

5.企业因债权人撤销而转销无法支付的应付账款时，应将所转销的应付账款记入的账户是（ ）。

A.“资本公积” B.“其他应付款” C.“营业外收入” D.“其他业务收入”

6.对企业确实无法支付的应付账款，正确的账务处理是（ ）。

A.“转入短期借款”账户 B.“转入其他业务收入”账户

C.“转入营业外收入”账户 D. 仅作备查登记

7.某企业为增值税一般纳税人，于2019年6月1日从甲公司购入一批产品并已验收入库，增值税专用发票上注明金额150万元、税额19.5万元，合同约定的现金折扣条件为“2/10，1/20，n/30”。假定计算现金折扣时不考虑增值税，该企业在2019年6月11日付清货款。企业购买产品时应付账款的入账价值为（ ）万元。

A.147 B.168 C.166.5 D.169.5

8.甲公司于2019年5月2日从乙公司购入一批产品并已验收入库，该批产品的价格为1 000万元，适用增值税税率13%。合同中规定的现金折扣条件为“2/10，1/20，n/30”，假定计算现金折扣时考虑增值税，甲公司在2019年5月9日付清货款，则甲公司付款时应编制的会计分录（单位：万元）正确的是（ ）。

A.借：应付账款 1 130

贷：银行存款 1 107.4

财务费用 22.6

B.借：应付账款 1 130

贷：银行存款 1 118.7

财务费用 11.3

C.借：应付账款 1130

贷：银行存款 1 107.4

营业外收入 22.6

D.借：应付账款 1 130

贷：银行存款 1 130

9.预收货款业务不多的企业，可以不设置“预收账款”账户，其所发生的预收货款，可以通过（ ）核算。

A.“应收账款”账户借方 B.“应付账款”账户借方

C.“应收账款”账户贷方 D.“应付账款”账户贷方

10.下列各项中，不属于企业流动负债的是（ ）。

A.预收购货单位的款项 B.预付采购材料款

C.应付采购材料款　　　　　　　D.购买材料开出的商业承兑汇票

11.预收账款属于企业的一项（　　）。

A.资产　　　B.负债　　　C.所有者权益　　　D.利润

12.下列各项中，会导致负债总额发生变化的是（　　）。

A.预收购货款

B.预付购货款

C.企业到期无法支付的银行承兑汇票

D.企业到期无法支付的商业承兑汇票

13.下列各项中，应列入资产负债表“其他应付款”项目的是（　　）。

A.应付租入包装物租金

B.应付融资租入固定资产租金

C.结转到期无力支付的应付票据金额

D.应付由企业负担的职工社会保险费

14.下列各项中，属于“其他应付款”账户核算内容的是（　　）。

A.应付经营租赁固定资产租金　　　B.应付供应商的货款

C.应付给职工的薪酬　　　D.应付供应商的代垫运杂费

三、多项选择题（下列各题至少有两个正确答案，请将正确答案填在括号内）

1.下列各项中，会引起“应付票据”账户金额发生增减变动的有（　　）。

A.开出商业承兑汇票购买原材料

B.转销已到期无力支付票款的商业承兑汇票

C.转销已到期无力支付票款的银行承兑汇票

D.支付银行承兑汇票手续费

2.下列各项关于应付票据处理的说法正确的有（　　）。

A.企业到期无力支付商业承兑汇票票款，应按账面余额转入短期借款

B.企业支付的银行承兑汇票的手续费，计入当期财务费用

C.企业到期无力支付的银行承兑汇票票款，应按账面余额转入短期借款

D.企业开出商业汇票，应当按其票面金额作为应付票据的入账金额

3.甲公司为增值税一般纳税人，购入一批材料，增值税专用发票上注明金额10 000元、税额1 300元，尚未验收入库。甲公司开出一张银行承兑汇票，面值11 300元，期限为3个月，以银行存款支付银行承兑手续费20元。甲公司采用计划成本法核算原材料，则下列处理正确的有（　　）。

A.借：原材料　　　10 000

　　　应交税费——应交增值税（进项税额）　　　1 300

　　贷：应付票据　　　11 300

B.借：材料采购　　　10 000

　　　应交税费——应交增值税（进项税额）　　　1 300

　　贷：应付票据　　　11 300

C.借：材料采购　　　10 000

借：应交税费——应交增值税（进项税额）　1 300
　　贷：其他货币资金　11 300

D.借：财务费用　20
　　贷：银行存款　20

4.下列关于应付票据的表述不正确的有（　　）。

A.企业开具的商业汇票期限最长不得超过6个月

B.向银行申请承兑商业汇票时支付的承兑手续费计入财务费用

C.应付票据到期无力支付应结转到应付账款

D.带息商业汇票的利息计入应付利息

5.下列关于应付账款的处理表述正确的有（　　）。

A.货物与发票账单同时到达的，待货物验收入库后，按发票账单登记入账

B.货物已到，但至月末时发票账单还未到达的，应在月份终了时暂估入账

C.应付账款一般按到期时应付金额的现值入账

D.企业采购业务中形成的应付账款，在确认其入账价值时不需要考虑将要发生的现金折扣

6.下列关于应付账款的表述正确的有（　　）。

A.购入商品需支付的应付账款包括增值税

B.应付账款按照扣除现金折扣后的金额入账

C.企业开出商业承兑汇票通过“应付账款”核算

D.无法支付的应付账款按其账面余额贷记“营业外收入”账户

7.企业发生赊购商品业务，下列各项影响应付账款入账金额的有（　　）。

A.商品价款　　B.增值税进项税额

C.现金折扣　　D.销货方代垫运杂费

8.“预收账款”账户贷方登记（　　）。

A.预收货款金额

B.企业向购货方发货后冲销的预收货款的金额

C.退回对方多付的货款

D.购货方补付的货款

9.“预收账款”账户借方登记（　　）。

A.预收货款的金额

B.企业向购货方发货后冲销的预收账款的金额

C.收到购货单位补付货款的金额

D.退回购货方多付货款的金额

10.下列各项关于企业预收购货单位款项及销售实现的账务处理正确的有（　　）。

A.借：银行存款
　　贷：预收账款

B.借：预收账款
　　贷：银行存款

C.借：预收账款

贷：主营业务收入

应交税费——应交增值税（销项税额）

D.借：主营业务收入

应交税费——应交增值税（销项税额）

贷：预收账款

11.下列各项中，属于企业“其他应付款”账户核算内容的有（　　）。

A.应付股东的股利　　B.应付供货商的代垫运费

C.应付客户存入的保证金　　D.应付租入包装物的租金

12.下列关于应付利息的表述正确的有（　　）。

A.短期借款利息可以不通过“应付利息”账户核算，在支付时直接计入财务费用

B.分期付息、到期还本的长期借款的利息通过“应付利息”账户核算

C.到期一次还本付息的应付债券利息不通过“应付利息”账户核算

D.应付利息属于流动负债

13.下列各项关于“应付利息”账户的表述正确的有（　　）。

A.企业支付已经预提的利息，应记入“应付利息”账户借方

B.按照短期借款合同约定计算确认的应付利息，应记入“应付利息”账户贷方

C.“应付利息”账户期末贷方余额反映企业应付未付的利息

D.企业开出银行承兑汇票支付的手续费，应记入“应付利息”账户借方

四、不定项选择题

百达公司为增值税一般纳税人，销售货物适用的增值税税率为13%。2019年5月发生的部分经济业务如下：

（1）5日，预收甲企业购货订金50万元，款项已存银行。

（2）10日，从乙企业购入生产用原材料一批，取得的增值税专用发票上注明金额100万元、税额13万元。按照购货协议规定，现金折扣条件为“2/10，1/20，n/30”，计算现金折扣时不考虑增值税。百达公司购买材料以银行存款支付运输费，取得的增值税专用发票上注明金额5 000元、税额450元。材料已验收入库。

（3）19日，支付10日欠乙企业的购货款。

（4）20日，将甲企业预订的货物发出，开具的增值税专用发票上注明金额100万元、税额13万元，余款尚未收回。

（5）25日，因欠丙企业货款150万元，向其开具面值为150万元、期限为6个月的不带息银行承兑汇票一张，支付银行承兑汇票手续费1万元。

11月25日，向丙企业开具的银行承兑汇票到期，百达公司无力支付票据款。

要求：根据上述资料，不考虑其他因素，分析回答下列（1）至（4）小题。（单位：万元）

（1）关于百达公司与甲企业的业务表述正确的是（　　）。

A.预收甲企业购货订金属于企业的负债，记入“预收账款”账户

B.预收账款应当以货币进行清偿

C.预收账款不多的企业可以将预收款项通过“应收账款”账户核算

D.预收账款应当以货物进行清偿

（2）根据业务（2），关于购入原材料的账务处理正确的是（　　）。

A.借：在途物资　　100

　　应交税费——应交增值税（进项税额）　　13

　　贷：应付账款　　113

B.借：原材料　　100

　　应交税费——应交增值税（进项税额）　　13

　　贷：应付账款　　111

　　　　财务费用　　2

C.借：原材料　　113

　　贷：应付账款　　113

D.借：原材料　　100.5

　　应交税费——应交增值税（进项税额）　　13.045

　　贷：应付账款　　113

　　　　银行存款　　0.545

（3）根据业务（3），关于支付欠乙企业的购货款的处理正确的是（　　）。

A.应付账款冲减113万元　　B.实际支付111万元

C.冲减财务费用2万元　　D.计入销售费用2万元

（4）下列账务处理正确的是（　　）。

A.5月5日，收到甲企业购货订金时：

借：银行存款　　50

　　贷：预收账款　　50

B.5月20日，向甲企业发出货物时：

借：预收账款　　113

　　贷：主营业务收入　　100

　　　　应交税费——应交增值税（销项税额）　　13

C.5月25日，开具银行承兑汇票时：

借：应付账款　　150

　　财务费用　　1

　　贷：应付票据　　150

　　　　银行存款　　1

D.11月25日，转销应付票据款：

借：应付票据　　150

　　贷：应付账款　　150

任务三　应付职工薪酬核算

学习重点与难点

知识点 2-1　应付职工薪酬核算内容及账户设置

应付职工薪酬核算内容及账户设置见表2-6。

表2-6　应付职工薪酬核算内容及账户设置

项　目	内　容
应付职工薪酬内容	职工薪酬是指企业为获得职工提供的服务或解除劳动关系而给予的各种形式的报酬或补偿，包括：①短期薪酬（工资、奖金、津贴与补贴，职工福利费，住房公积金，工会经费，职工教育经费，医疗、工伤和生育等社会保险，短期带薪缺勤，短期利润分享计划，其他短期薪酬）；②离职后福利；③辞退福利；④其他长期职工福利（长期带薪缺勤、长期残疾福利、长期利润分享计划）
职工的类别	①与企业订立劳动合同的所有人员，包括全职、兼职和临时职工 ②未与企业订立劳动合同但由企业正式任命的企业治理层和管理层人员 ③虽未与企业订立劳动合同或未由其正式任命，但在企业的计划或控制下，为企业所提供的服务与职工所提供的服务类似的人员
账户设置	“应付职工薪酬”，下属明细账户包括“工资、奖金、津贴与补贴”“职工福利费”“非货币性福利”“社会保险费”“住房公积金”“工会经费”“职工教育经费”“带薪缺勤”“利润分享计划”“设定提存计划”“设定受益计划义务”“辞退福利”等

技能点 2-3　应付职工薪酬核算与列报

应付职工薪酬核算与列报见表2-7。

表 2-7 **应付职工薪酬核算与列报**

<table>
<tr><th colspan="3">项 目</th><th>内 容</th></tr>
<tr><td rowspan="8">短期薪酬账务处理</td><td rowspan="5">货币性职工薪酬</td><td>工资、奖金、津贴与补贴</td><td>计提：
借：生产成本/制造费用/劳务成本等
贷：应付职工薪酬——短期薪酬——工资、奖金、津贴与补贴
发放：
借：应付职工薪酬——短期薪酬——工资、奖金、津贴与补贴
贷：银行存款/库存现金/其他应收款/应交税费——应交个人所得税</td></tr>
<tr><td>职工福利费</td><td>在实际发生时根据实际发生额计入当期损益或相关资产成本：
借：生产成本/制造费用/管理费用/销售费用等
贷：应付职工薪酬——短期薪酬——职工福利费</td></tr>
<tr><td>国家规定计提标准的职工薪酬</td><td>对于国家规定了计提基础和比例的社会保险费和住房公积金，以及按规定提取的工会经费和职工教育经费：
借：生产成本/制造费用/管理费用等
贷：应付职工薪酬——短期薪酬——社会保险费/住房公积金等</td></tr>
<tr><td rowspan="2">短期带薪缺勤</td><td>累积带薪缺勤在职工提供了服务从而增加了其未来享有的带薪缺勤权利时：
借：管理费用等
贷：应付职工薪酬——带薪缺勤——短期带薪缺勤——累积带薪缺勤</td></tr>
<tr><td>非累积带薪缺勤在实际发生时确认相关费用和职工薪酬，未缺勤时不计提相关费用和负债</td></tr>
<tr><td rowspan="3">非货币性职工薪酬</td><td>以自产产品发放给职工</td><td>第一步，确认收入：
借：应付职工薪酬——非货币性福利
贷：主营业务收入
应交税费——应交增值税（销项税额）
第二步，结转产品成本：
借：主营业务成本
贷：库存商品
第三步，确认应付职工薪酬：
借：生产成本
管理费用
销售费用等
贷：应付职工薪酬——非货币性福利</td></tr>
<tr><td>将拥有的房屋等资产无偿提供给职工使用</td><td>确认应付职工薪酬时：
借：管理费用/生产成本/制造费用等
贷：应付职工薪酬——非货币性福利
计提折旧时：
借：应付职工薪酬——非货币性福利
贷：累计折旧</td></tr>
<tr><td>租赁住房等资产供职工无偿使用</td><td>确认应付职工薪酬时：
借：管理费用、生产成本、制造费用
贷：应付职工薪酬——非货币性福利
支付房租时：
借：应付职工薪酬——非货币性福利
贷：银行存款</td></tr>
<tr><td colspan="3">设定提存计划</td><td>对于应向单独主体缴存的提存金：
借：生产成本/制造费用/管理费用/销售费用等
贷：应付职工薪酬——设定提存计划</td></tr>
<tr><td colspan="3">列报</td><td>“应付职工薪酬”项目，反映企业为获得职工提供的服务或解除劳动关系而给予的各种形式的报酬或补偿，应根据“应付职工薪酬”账户期末贷方余额填列；如“应付职工薪酬”账户期末为借方余额，以“-”号填列</td></tr>
</table>

职业判断能力训练

知识点2-1 应付职工薪酬核算内容及账户设置

一、判断题（下列各题正确的在括号内打“√”，错误的打“×”）

1.企业支付给职工的非货币性福利，属于企业提供的职工薪酬。（　　）

2.“应付职工薪酬”账户，反映企业根据有关规定应付给职工的工资、职工福利、社会保险费、住房公积金、工会经费、职工教育经费，但不包括非货币性福利、辞退福利等薪酬。（　　）

3.企业在职工劳动合同到期之前解除与职工的劳动关系而给予职工的补偿，应作为离职后福利核算。（　　）

二、单项选择题（下列各题只有一个正确答案，请将正确答案填在括号内）

1.下列各项中，不应列入资产负债表“应付职工薪酬”项目的是（　　）。

A.应付临时工的工资　　B.应发放的困难职工补助金

C.应缴纳的职工工伤保险费　　D.为职工代垫的医药费

2.下列各项中，属于“应付职工薪酬——短期薪酬”账户核算内容的是（　　）。

A.职工工资、奖金、津贴与补贴

B.养老保险

C.失业保险

D.为鼓励职工自愿接受裁减而给予职工的补偿

三、多项选择题（下列各题至少有两个正确答案，请将正确答案填在括号内）

1.职工薪酬中所称的“职工”应当包括（　　）。

A.与企业订立了固定期限或无固定期限劳动合同的所有人员

B.与企业订立了以完成一定工作为期限的劳动合同的所有人员

C.未与企业订立劳动合同但由企业正式任命的人员，如聘请的独立董事等

D.通过企业与劳务中介公司签订用工合同而向企业提供服务的人员

2.下列各项中，属于短期薪酬核算内容的有（　　）。

A.职工福利费

B.工会经费和职工教育经费

C.住房公积金

D.医疗、养老、失业、工伤和生育等社会保险费

3.下列各项中，应作为离职后福利核算的有（　　）。

A.养老保险　　B.失业保险　　C.医疗保险　　D.工伤保险

技能点2-3 应付职工薪酬核算与列报

一、判断题（下列各题正确的在括号内打“√”，错误的打“×”）

1.企业租赁住房等资产供职工无偿使用的，应当根据受益对象，将每期应付的租金计入相关资产的成本或当期损益，并确认应付职工薪酬。（　　）

2.企业以自产产品作为职工福利发放给职工个人的，应确认主营业务收入，同时结转相关成本，但涉及增值税的可以不予确认。（　　）

3.职工因工伤赴外地就医的路费应计入管理费用。（　　）

4.企业为鼓励生产工人自愿接受裁减而给予的补偿应计入生产成本。（　　）

5.对于短期带薪缺勤，不管是累积带薪缺勤还是非累积带薪缺勤，均应确认因累积未行使权利而增加的预期支付的金额。（　　）

二、单项选择题（下列各题只有一个正确答案，请将正确答案填在括号内）

1.下列各项应在“管理费用”列支的是（　　）。

A.生产人员的薪酬　　B.行政人员的薪酬

C.车间管理人员的薪酬　　D.研发人员的薪酬

2.下列关于应付职工薪酬的表述不正确的是（　　）。

A.企业在研发阶段发生的职工薪酬应当计入自行开发无形资产的成本

B.职工薪酬包括企业职工在职期间和离职后给予的所有货币性薪酬和非货币性福利

C.以自产产品作为非货币性福利提供给职工的，应当确认主营业务收入

D.企业应当在职工为其提供服务的会计期间将应付的职工薪酬确认为负债

3.下列各项有关应付职工薪酬的说法正确的是（　　）。

A.为职工支付的住房公积金属于职工薪酬

B.作为福利发放给职工的自产产品与外购产品不属于职工薪酬

C.因解除与职工的劳动关系给予的补偿不属于职工薪酬

D.给员工买的商业保险不属于职工薪酬

4.甲公司为增值税一般纳税人，适用的增值税税率为13%。2019年年末将20台本企业自产的冰箱作为福利发放给本企业职工，该冰箱的成本为每台1 000元，市场售价为每台2 000元（不含增值税）。则下列说法正确的是（　　）。

A.实际发放时，记入“应付职工薪酬”账户的金额为40 000元

B.实际发放时，记入“应交税费——应交增值税（销项税额）”账户的金额为2 600元

C.将自产产品作为福利发放给员工不视同销售，但需要确认收入、结转成本

D.将自产产品作为福利发放给员工视同销售，并且要确认收入、结转成本

5.某企业将自产的300台空调作为福利发放给职工，每台成本为0.18万元，市场售价为0.2万元（不含增值税），适用的增值税税率为13%。假定不考虑其他因素，该企业由此确认的“应付职工薪酬”账户的金额为（　　）万元。

A.67.8　　B.61.02　　C.54　　D.60

6.某企业向其20名行政管理人员每人发放1台自产的吸尘器作为福利。该产品的成

本为每台350元，每台计税价格为500元，适用的增值税税率为13%，则记入“应付职工薪酬”借方的金额为（　　）元。

A.11 300　　B.75 000　　C.10 000　　D.7 000

7.企业核算从职工工资中代扣的职工个人所得税时应贷记的账户是（　　）。

A.“其他应付款”　　B.“应付职工薪酬”

C.“银行存款”　　D.“应交税费——应交个人所得税”

8.企业将自产货物作为非货币性福利发放给职工的，应当根据受益对象，按该产品的（　　）计入相关成本或损益。

A.公允价值　　B.重置成本

C.该产品的平均售价　　D.实际成本

9.企业为高管人员配备汽车作为福利，计提这些汽车的折旧时，应编制的会计分录是（　　）。

A.借：累计折旧

　　贷：固定资产

B.借：管理费用

　　贷：固定资产

C.借：管理费用

　　贷：应付职工薪酬

同时：

借：应付职工薪酬

　　贷：累计折旧

D.借：管理费用

　　贷：固定资产

同时：

借：应付职工薪酬

　　贷：累计折旧

10.企业为高管租赁公寓免费使用，租赁费按月以银行存款支付，应编制的会计分录是（　　）。

A.借记“管理费用”账户，贷记“银行存款”账户

B.借记“管理费用”账户，贷记“应付职工薪酬”账户

C.借记“管理费用”账户，贷记“应付职工薪酬”账户；同时借记“应付职工薪酬”账户，贷记“银行存款”账户

D.借记“资本公积”账户，贷记“银行存款”账户；同时借记“应付职工薪酬”账户，贷记“资本公积”账户

三、多项选择题（下列各题至少有两个正确答案，请将正确答案填在括号内）

1.下列各项应通过“应付职工薪酬”账户核算的有（　　）。

A.支付职工的工资、奖金及津贴　　B.按规定计提的职工教育经费

C.向职工发放的防暑降温费　　D.职工出差报销的差旅费

2. 下列各项应计入应付职工薪酬的有（　　）。

A. 为职工支付的培训费　　B. 为职工支付的补充养老保险

C. 因解除职工劳动合同支付的补偿款　　D. 为职工进行健康检查而支付的体检费

3. 下列各项关于非货币性职工薪酬的说法正确的有（　　）。

A. 企业将拥有的房屋等资产无偿提供给职工使用的，应当根据受益对象，按照该住房的公允价值计入相关资产成本或当期损益，同时确认应付职工薪酬

B. 难以认定受益对象的非货币性福利，直接计入当期损益和应付职工薪酬

C. 企业租赁住房等资产供职工无偿使用的，应当根据受益对象，将每期应付的租金计入相关资产成本或当期损益，并确认应付职工薪酬

D. 企业以自产产品作为非货币性福利发放给职工的，应当根据受益对象，按照产品的账面价值计入相关资产成本或当期损益，同时确认应付职工薪酬

4. 下列关于"应付职工薪酬"账户的表述正确的有（　　）。

A. 当期实际发生额大于预计金额的，应当补提应付职工薪酬

B. 当期实际发生额大于预计金额的，应当冲回多提的应付职工薪酬

C. 当期实际发生额小于预计金额的，应当补提应付职工薪酬

D. 当期实际发生额小于预计金额的，应当冲回多提的应付职工薪酬

5. 核算生产部门人员的职工薪酬时可能涉及的账户有（　　）。

A. "生产成本"　　B. "制造费用"　　C. "管理费用"　　D. "劳务成本"

6. 下列人员的工资不应在管理费用列支的有（　　）。

A. 生产人员工资　　B. 行政人员工资

C. 车间管理人员工资　　D. 医务人员工资

7. 甲企业结算本月管理部门人员的应付职工工资共500 000元，代扣该部门职工个人所得税30 000元，实发工资470 000元。该企业下列账务处理正确的有（　　）。

A. 借：管理费用　　500 000
　　贷：应付职工薪酬　　500 000

B. 借：应付职工薪酬　　30 000
　　贷：应交税费——应交个人所得税　　30 000

C. 借：其他应收款　　30 000
　　贷：应交税费——应交个人所得税　　30 000

D. 借：应付职工薪酬　　470 000
　　贷：银行存款　　470 000

四、不定项选择题

甲企业为增值税一般纳税人，适用的增值税税率为13%，每月月初发放上月工资。2019年12月1日，"应付职工薪酬"账户贷方余额为33万元。该企业2019年12月发生如下与职工薪酬相关的业务：

（1）5日，结算上月应付职工薪酬33万元，其中代扣代缴的职工个人所得税1.5万元，代扣为职工垫付的房租0.5万元，实际发放职工薪酬31万元。

（2）31日，该企业以其生产的N产品作为非货币性福利发放给车间生产人员。该

批产品不含税售价50万元，实际生产成本40万元。

（3）31日，对本月职工工资分配的结果如下：车间生产人员14万元，车间管理人员5万元，企业行政管理人员2万元，专设销售机构人员9万元。

（4）31日，该企业计提本月基本养老保险费、基本医疗保险费等社会保险费共计17.7万元，计提本月住房公积金8.85万元。

（5）该企业实行累积带薪缺勤制度，年末由于预计10名部门经理人员和15名销售人员未使用带薪休假，预期支付的薪酬金额分别为4万元和8万元。

要求：根据上述资料，不考虑其他因素，分析回答下列（1）至（6）小题。（单位：万元）

（1）根据期初资料和业务（1），该企业结算职工薪酬的相关账务处理正确的是（　　）。

A.代扣个人所得税时：

借：其他应付款　　1.5

　　贷：应交税费——应交个人所得税　　1.5

B.代扣为职工垫付的房租时：

借：应付职工薪酬　　0.5

　　贷：应收账款　　0.5

C.代扣个人所得税时：

借：应付职工薪酬　　1.5

　　贷：应交税费——应交个人所得税　　1.5

D.代扣为职工垫付的房租时：

借：应付职工薪酬　　0.5

　　贷：其他应收款　　0.5

（2）根据业务（2），企业发放非货币性福利的账务处理结果正确的是（　　）。

A.发放非货币性福利时，借记“应付职工薪酬——非货币性福利”账户50万元

B.发放非货币性福利时应确认收入，贷记“主营业务收入”账户50万元

C.确认非货币性福利时，借记“生产成本”账户56.5万元

D.结转成本时，借记“主营业务成本”账户56.5万元

（3）根据业务（3），企业分配职工工资的账务处理结果正确的是（　　）。

A.专设销售机构人员工资，借记“销售费用”账户9万元

B.车间生产人员工资，借记“生产成本”账户14万元

C.车间管理人员和企业行政管理人员工资，借记“管理费用”账户7万元

D.全部人员工资，借记“应付职工薪酬”账户30万元

（4）根据业务（1）至业务（4），下列关于职工薪酬的表述正确的是（　　）。

A.为职工代垫的房租不属于职工薪酬

B.计提的住房公积金属于其他长期职工福利

C.计提的基本医疗保险费属于短期薪酬

D.计提的基本养老保险费属于短期薪酬

（5）根据业务（5），关于该企业累积带薪缺勤事项的账务处理正确的是（　　）。

A.借：生产成本　　12
　　贷：应付职工薪酬　　12
B.借：其他应付款　　12
　　贷：应付职工薪酬　　12
C.借：管理费用　　4
　　销售费用　　8
　　贷：应付职工薪酬　　12
D.借：管理费用　　4
　　销售费用　　8
　　贷：其他应付款　　12

（6）根据期初资料和业务（1）至业务（4），甲企业2019年12月31日资产负债表“应付职工薪酬”项目的期末余额是（　　）万元。

A.68.55　B.118.55　C.108.55　D.127.05

任务四　应交税费核算

学习重点与难点

技能点2-4 应交增值税核算

一、增值税纳税人、征税范围、税率及计税方法

增值税纳税人、征税范围、税率及与计税方法见表2-8。

表2-8　增值税纳税人、征税范围、税率及计税方法

项　目	内　容
纳税人	一般纳税人和小规模纳税人
征税范围	（1）销售货物，特指有形动产，包括电力、热力和气体。 （2）应税劳务，特指提供加工、修理修配劳务。 （3）销售应税服务，交通运输业、邮政服务、电信服务、金融服务、现代服务、生活服务。 （4）应税行为，特指销售无形资产和销售不动产。 （5）进口货物
税率	税率：13%、9%、6%和零税率
	征收率：3%、5%
计税方法	一般计税方法：应纳税额=当期销项税额－当期进项税额 适用于一般纳税人销售货物、劳务、服务、无形资产或不动产应征增值税的计算
	简易计税方法：应纳税额＝销售额×征收率 小规模纳税人应纳增值税适用简易计税方法；一般纳税人在特殊情况下也适用

二、一般纳税人应交增值税核算

一般纳税人应交增值税核算见表2-9。

表2-9 一般纳税人应交增值税核算

项 目	一般纳税人		
账户设置	一级	二级	三级或核算内容
	应交税费	应交增值税	（贷方）销项税额、出口退税、进项税额转出、转出多交增值税
			（借方）进项税额、已交税金、减免税款、出口抵减内销产品应纳税额、销项税额抵减、转出未交增值税
		未交增值税	核算一般纳税人月度终了从“应交增值税”或“预交增值税”明细账户转入当月应交未交、多交或预缴的增值税额，以及当月交纳以前期间未交的增值税额，期末借方余额表示当月多交的增值税，期末贷方余额表示当月尚未交纳或欠交的增值税
		预交增值税	核算一般纳税人转让不动产、提供不动产租赁服务、提供建筑服务、采用预收款方式销售自行开发的房地产项目等，以及其他按现行增值税制度规定应预缴的增值税
		待抵扣进项税额	核算一般纳税人已取得增值税扣税凭证并经税务机关认证，按照现行增值税制度规定准予以后期间从销项税额中抵扣的进项税额
		待认证进项税额	核算一般纳税人由于未经税务机关认证而不得从当期销项税额中抵扣的进项税额
		待转销项税额	核算一般纳税人销售货物、加工修理修配劳务、服务、无形资产或不动产，已确认相关收入（或利得）但尚未发生增值税纳税义务而需于以后期间确认为销项税额的增值税额
		增值税留抵税额	核算兼有销售服务、无形资产或者不动产的原增值税一般纳税人，截止到纳入营改增试点之日前的增值税期末留抵税额，按照现行增值税制度规定不得从销售服务、无形资产或不动产的销项税额中抵扣的增值税留抵税额
		简单计税	核算一般纳税人采用简易计税方法发生的增值税计提、扣减、预缴、缴纳等业务
		转让金融商品应交增值税	核算增值税纳税人转让金融商品发生的增值税额
		代扣代交增值税	核算纳税人购进在境内未设经营机构的境外单位或个人在境内的应税行为代扣代缴的增值税

续表

<table>
<tr><th>项目</th><th colspan="2">一般纳税人</th></tr>
<tr><td rowspan="2">销项税额</td><td>不同结算方式</td><td>借：银行存款/应收账款/应收票据等
　　贷：主营业务收入/其他业务收入
　　　　应交税费——应交增值税（销项税额）</td></tr>
<tr><td>视同销售行为</td><td>①将货物交付其他单位或个人代销，收到代销清单时：
借：银行存款/应收账款
　　贷：主营业务收入/其他业务收入
　　　　应交税费——应交增值税（销项税额）
②销售代销货物：
对外销售：
借：银行存款等
　　贷：主营业务收入/其他业务收入
　　　　应交税费——应交增值税（销项税额）
交付代销清单并收到专用发票：
借：应交税费——应交增值税（进项税额）
　　贷：应付账款
③将自产、委托加工的货物用于集体福利或个人消费：
借：固定资产/应付职工薪酬
　　贷：库存商品/主营业务收入
　　　　应交税费——应交增值税（销项税额）
④将自产、委托加工或购买的货物对外投资、分配给股东或投资者：
借：长期股权投资/应付股利
　　贷：主营业务收入
　　　　应交税费——应交增值税（销项税额）
⑤将自产、委托加工或购进的货物无偿赠送给其他单位或个人：
借：营业外支出
　　贷：库存商品
　　　　应交税费——应交增值税（销项税额）</td></tr>
<tr><td rowspan="4">进项税额（准予抵扣）</td><td colspan="2">以票抵扣：
①从销售方取得的增值税专用发票（含税控机动车销售统一发票）上注明的增值税税额。
②从海关取得的海关进口增值税专用缴款书上注明的增值税税额。
③从境外单位或者个人购进劳务、服务、无形资产或境内的不动产，自税务机关或扣缴义务人取得的代扣代缴税款的完税凭证上注明的增值税税额。</td></tr>
<tr><td colspan="2">计算抵扣：购进农产品，进项税额=买价×扣除率（9%或10%）</td></tr>
<tr><td colspan="2">自2019年4月1日起，购进不动产支付的进项税额准予一次性抵扣。</td></tr>
<tr><td colspan="2">发生时：
借记“应交税费——应交增值税（进项税额）”</td></tr>
</table>

续表

项目	一般纳税人
进项税额转出（不得抵扣）	下列项目的进项税额不得抵扣： ①用于适用简易计税方法计税项目、免征增值税项目、集体福利或者个人消费的购进货物、加工修理修配劳务、服务、无形资产和不动产； ②非正常损失的购进货物及相关的加工修理修配劳务和交通运输服务； ③非正常损失的在产品、产成品所耗用的购进货物（不包括固定资产）、加工修理修配劳务或交通运输服务； ④非正常损失的不动产，以及该不动产所耗用的购进货物、设计服务和建筑服务； ⑤非正常损失的不动产在建工程所耗用的购进货物、设计服务和建筑服务； ⑥购进的旅客运输服务、贷款服务、餐饮服务、居民日常服务和娱乐服务； ⑦纳税人接受贷款服务向贷款方支付的与该笔贷款直接相关的投融资顾问费、手续费、咨询费等费用； ⑧财政部和国家税务总局规定的其他项目
	发生时就已知属于不得抵扣的，计入成本，不单独记账；属于改变用途的，应转出进项税额，贷记“应交税费——应交增值税（进项税额转出）”账户
税额缴纳与结转	当月预付当月增值税，通过“应交税费——应交增值税（已交税金）”账户核算； 下月清缴上月增值税，通过“应交税费——未交增值税”账户核算

三、小规模纳税人应交增值税核算

小规模纳税人应交增值税核算见表2-10。

表2-10　小规模纳税人应交增值税核算

项　目	内　容	
账户设置	只需在“应交税费”账户下设“应交增值税”明细账户，不需设专栏	
账务处理	销售货物、提供应税劳务	借：银行存款/应收账款/应收票据等 　贷：主营业务收入/其他业务收入 　　应交税费——应交增值税
	购进货物、接受劳务	不论是否取得增值税专用发票，其支付给销售方的增值税额都不得抵扣，应计入购进货物或接受劳务的成本

技能点2-5　应交消费税核算

应交消费税应纳税额核算见表2-11。

表2-11 应交消费税核算

<table>
<tr><th>项 目</th><th colspan="3">内 容</th></tr>
<tr><td>纳税人</td><td colspan="3">在我国境内生产、委托加工、进口应税消费品的单位和个人，以及国务院确定的销售应税消费品的其他单位和个人</td></tr>
<tr><td>征税范围</td><td colspan="3">15个税目：烟、酒、高档化妆品、贵重首饰及珠宝玉石、鞭炮焰火、成品油、摩托车、小汽车、高尔夫球及球具、高档手表、游艇、木制一次性筷子、实木地板、电池、涂料</td></tr>
<tr><td>税率</td><td colspan="3">比例税率、定额税率和复合税率</td></tr>
<tr><td rowspan="3">计税方法</td><td colspan="3">从价计税：应纳税额=销售额（组成计税价格）×比例税率</td></tr>
<tr><td colspan="3">从量计税：应纳税额=销售量（进口数量、委托加工数量）×定额税率</td></tr>
<tr><td colspan="3">复合计税：应纳税额=销售额（组成计税价格）×比例税率+销售量（进口数量、委托加工数量）×定额税率</td></tr>
<tr><td>账户设置</td><td colspan="3">“应交税费——应交消费税”</td></tr>
<tr><td rowspan="6">账务处理</td><td colspan="2">自产产品直接对外销售</td><td>借：税金及附加
贷：应交税费——应交消费税</td></tr>
<tr><td colspan="2">自产产品用于对外投资、职工福利、股利分红等</td><td>借：长期股权投资/应付职工薪酬/应付股利等
贷：应交税费——应交消费税</td></tr>
<tr><td colspan="2">自产产品用于在建工程、对外捐赠等</td><td>借：生产成本/在建工程/营业外支出等
贷：应交税费——应交消费税</td></tr>
<tr><td rowspan="2">委托加工物资</td><td>收回后直接用于销售且预计价格不高于受托方的计税价格的，支付的消费税计入委托加工物资成本</td><td>借：委托加工物资
贷：银行存款等</td></tr>
<tr><td>用于连续生产应税消费品，支付的消费税可抵扣，借记“应交税费——应交消费税”账户</td><td>借：应交税费——应交消费税
贷：银行存款等</td></tr>
<tr><td colspan="2">进口环节</td><td>借：库存商品（包括价格、关税和消费税等）
应交税费——应交增值税（进项税额）
贷：银行存款</td></tr>
</table>

技能点2-6 其他应交税费核算与应交税费列报

其他应交税费应纳税额核算见表2-12。

表2-12 其他应交税费应纳税额核算

<table>
<tr><th>税　种</th><th colspan="2">核算内容</th></tr>
<tr><td>账户设置</td><td colspan="2">除印花税、契税、车辆购置税、耕地占用税外，其他税种应纳税额均通过“应交税费”账户核算</td></tr>
<tr><td rowspan="3">城市维护建设税</td><td colspan="2">城市维护建设税是对缴纳增值税、消费税（简称“二税”）的单位和个人以其实际缴纳的“二税”税额为计税依据而征收的一种税</td></tr>
<tr><td colspan="2">应纳税额＝实际缴纳的增值税、消费税税额之和×适用税率</td></tr>
<tr><td colspan="2">计提税金时：
借：税金及附加等
　　贷：应交税费——应交城市维护建设税</td></tr>
<tr><td rowspan="3">资源税</td><td colspan="2">资源税是以自然资源为征税对象，向从事应税资源开发与利用的单位与个人征收的一种税</td></tr>
<tr><td colspan="2">从价计征：应纳税额＝销售额×比例税率
从量计征：应纳税额＝销售数量×定额税率</td></tr>
<tr><td colspan="2">对外销售应税产品：
借：税金及附加
　　贷：应交税费——应交资源税
自产自用应税产品：
借：生产成本/制造费用等
　　贷：应交税费——应交资源税</td></tr>
<tr><td rowspan="2">土地增值税</td><td colspan="2">土地增值税是对转让国有土地使用权、地上建筑物及其附着物并取得收入的单位和个人，就其转让房地产所取得的增值额征收的一种税</td></tr>
<tr><td>房地产企业销售商品房（属于企业的商品销售业务）：
借：税金及附加
　　贷：应交税费——应交土地增值税</td><td>其他企业转让房地产：
借：固定资产清理
　　贷：应交税费——应交土地增值税</td></tr>
<tr><td rowspan="2">房产税
城镇土地使用税
车船税</td><td colspan="2">房产税是以房屋为征税对象，按照房屋的计税余值或租金收入，向产权所有人征收的一种财产税。房产税的征税范围为城市、县城、建制镇和工矿区范围内的房产。
城镇土地使用税是对城市、县城、建制镇和工矿区范围内使用土地的单位和个人，按实际占用的土地面积所征收的一种税。
车船税是以车船为征税对象，向拥有车船的单位和个人征收的一种税</td></tr>
<tr><td colspan="2">计提房产税、城镇土地使用税、车船税时：
借：税金及附加
　　贷：应交税费——应交房产税/应交城镇土地使用税/应交车船税</td></tr>
<tr><td>缴纳以上税款时</td><td colspan="2">借：应交税费
　　贷：银行存款</td></tr>
</table>

职业判断能力训练

技能点2-4 应交增值税核算

一、判断题（下列各题正确的在括号内打“√”，错误的打“×”）

1.一般纳税人购进货物、劳务、服务、无形资产或不动产而支付且准予从当期销项税额中抵扣的增值税额，应借记“应交税费——应交增值税（进项税额）”账户。（ ）

2.一般纳税人无论缴纳当月还是上月的增值税，均应通过“应交税费——应交增值税（已交税金）”账户核算。（ ）

3.企业因接待客户发生餐饮服务费，只要能取得增值税专用发票，其进项税额就可以抵扣。（ ）

4.购进货物运输途中因洪水造成损失的，即使取得增值税专用发票，其进项税额也不得抵扣。（ ）

5.纳税人将已抵扣进项税额的购进货物用于集体福利的，应于发生当月将已抵扣的进项税额转出。（ ）

6.小规模纳税人核算应交增值税只需设置“应交税费——应交增值税”明细账户，无须设置“销项税额”“进项税额”等专栏。（ ）

7.小规模纳税人购入货物无论是否取得增值税专用发票，其支付的增值税均不得抵扣。（ ）

8.小规模纳税人应当按含税销售额和规定的增值税征收率计算缴纳增值税。（ ）

二、单项选择题（下列各题只有一个正确答案，请将正确答案填在括号内）

1.下列各项中，增值税一般纳税人需要转出进项税额的是（ ）。

A.管理不善造成原材料盘亏　　B.自产产品用于对外投资

C.外购生产用原材料用于对外捐赠　　D.自产产品用于职工福利

2. A企业库存材料因自然灾害毁损一批，经查该批材料相关增值税专用发票，已确认的成本为2 000元，增值税税额为260元。当期这批毁损的材料需要转出的进项税额为（ ）元。

A.2 260　　B.2 000　　C.260　　D.0

3.企业缴纳当月增值税应登记的账户是（ ）。

A.应交税费——应交增值税（进项税额）

B.应交税费——应交增值税（销项税额）

C.应交税费——应交增值税（进项税额转出）

D.应交税费——应交增值税（已交税金）

4.甲企业为增值税一般纳税人，适用增值税税率13%，原材料按实际成本法核算。2019年6月份发生的经济交易或事项以及相关的会计分录如下：

（1）5日，购入原材料一批，增值税专用发票上注明金额120 000元、税额15 600元，材料尚未到达，全部款项已用银行存款支付。下列账务处理正确的是（　　）。

A.借：在途物资　120 000
　　应交税费——应交增值税（进项税额）　15 600
　　贷：银行存款　135 600

B.借：材料采购　120 000
　　应交税费——应交增值税（进项税额）　15 600
　　贷：银行存款　135 600

C.借：在途物资　135 600
　　贷：银行存款　135 600

D.借：材料采购　135 600
　　贷：银行存款　135 600

（2）10日，收到5日购入的原材料并验收入库，实际成本120 000元。同日，与运输公司结清运输费用，增值税专用发票上注明金额5 000元、税额450元，款项已用转账支票支付。下列账务处理正确的是（　　）。

A.借：原材料　125 000
　　应交税费——应交增值税（进项税额）　450
　　贷：银行存款　5 450
　　　　在途物资　120 000

B.借：原材料　125 000
　　应交税费——应交增值税（进项税额）　450
　　贷：银行存款　5 450
　　　　材料采购　120 000

C.借：原材料　141 050
　　贷：银行存款　5 450
　　　　在途物资　135 600

D.借：原材料　141 050
　　贷：银行存款　5 450
　　　　材料采购　135 600

（3）15日，购入不需要安装的设备一台，增值税专用发票上注明金额180 000元、税额23 400元，款项尚未支付。下列账务处理正确的是（　　）。

A.借：固定资产　180 000
　　应交税费——应交增值税（进项税额）　23 400
　　贷：应付账款　203 400

B.借：固定资产　203 400
　　贷：应付账款　203 400

C. 借：在建工程　　180 000
　　应交税费——应交增值税（进项税额）　　23 400
　　贷：应付账款　　203 400
D. 借：在建工程　　203 400
　　贷：应付账款　　203 400

（4）20日，购入免税农产品一批，价款200 000元，规定的扣除率为9%，货物尚未到达，货款已用银行存款支付。下列账务处理正确的是（　　）。

A. 借：在途物资　　182 000
　　应交税费——应交增值税（进项税额）　　18 000
　　贷：银行存款　　200 000
B. 借：材料采购　　182 000
　　应交税费——应交增值税（进项税额）　　18 000
　　贷：银行存款　　200 000
C. 借：在途物资　　200 000
　　贷：银行存款　　200 000
D. 借：材料采购　　200 000
　　贷：银行存款　　200 000

（5）23日，生产车间委托外单位修理机器设备，增值税专用发票上注明金额20 000元、税额2 600元，款项已用银行存款支付。下列账务处理正确的是（　　）。

A. 借：管理费用　　20 000
　　应交税费——应交增值税（进项税额）　　2 600
　　贷：银行存款　　22 600
B. 借：管理费用　　22 600
　　贷：银行存款　　22 600
C. 借：制造费用　　20 000
　　应交税费——应交增值税（进项税额）　　2 600
　　贷：银行存款　　22 600
D. 借：制造费用　　22 600
　　贷：银行存款　　22 600

（6）26日，库存材料因管理不善发生意外火灾，经查，根据有关增值税专用发票确认的成本为20 000元，增值税税额为2 600元。下列账务处理正确的是（　　）。

A. 借：待处理财产损溢——待处理流动资产损溢　　22 600
　　贷：原材料　　20 000
　　　　应交税费——应交增值税（进项税额转出）　　2 600
B. 借：待处理财产损溢——待处理流动资产损溢　　20 000
　　贷：原材料　　20 000
C. 借：营业外支出　　22 600
　　贷：原材料　　20 000

贷：应交税费——应交增值税（进项税额转出） 2 600

D.借：管理费用 20 000

贷：原材料 20 000

（7）28日，领用一批外购原材料用于集体福利，该批原材料成本为60 000元，增值税税额为7 800元。下列账务处理正确的是（　　）。

A.借：应付职工薪酬——非货币性福利 67 800

贷：原材料 60 000

应交税费——应交增值税（进项税额转出） 7 800

B.借：应付职工薪酬——非货币性福利 67 800

贷：其他业务收入 60 000

应交税费——应交增值税（进项税额转出） 7 800

C.借：应付职工薪酬——非货币性福利 67 800

贷：原材料 60 000

应交税费——应交增值税（销项税额） 7 800

D.借：应付职工薪酬——非货币性福利 60 000

贷：原材料 60 000

5.甲企业为增值税小规模纳税人，适用增值税征收率3%，原材料按实际成本法核算。某月购入原材料一批，取得的增值税专用发票上注明金额30 000元、税额3 900元，款项以银行存款支付，材料验收入库。下列账务处理正确的是（　　）。

A.借：原材料 33 900

贷：银行存款 33 900

B.借：原材料 30 000

应交税费——应交增值税 3 900

贷：银行存款 33 900

C.借：原材料 30 000

应交税费——应交增值税（进项税额） 3 900

贷：银行存款 33 900

D.借：原材料 30 000

应交税费——应交增值税 900

贷：银行存款 30 900

6.某企业为增值税小规模纳税人，主要从事汽车修理和销售相关汽车配件用品等业务，适用增值税征收率3%。2019年3月提供汽车修理服务取得收入80万元，销售汽车装饰用品取得收入23万元；提供修理服务及销售装饰用品总成本75万元。另外，本月由于看管不善，部分修理材料被盗，账面成本5万元。则该企业3月应缴增值税为（　　）万元。

A.17.5　　B.3　　C.2.85　　D.4.76

三、多项选择题（下列各题至少有两个正确答案，请将正确答案填在括号内）

1.下列各项关于销项税额确认时间说法正确的有（　　）。

A.销售货物或应税劳务的，为收讫销售款或取得索取销售款凭据的当天；先开具发票的，为开具发票的当天

B.采取托收承付和委托银行收款方式销售货物的，为发出货物并办妥托收手续的当天

C.采取预收货款方式销售货物的，为货物发出的当天

D.纳税人发生视同销售货物行为的，为货物移送的当天

2.下列各项应视同销售计征增值税的有（　　）。

A.将自产、委托加工的货物用于集体福利或个人消费

B.将自产、委托加工或购进的货物作为投资提供给其他单位或个体工商户

C.将自产、委托加工或购进的货物分配给股东或投资者

D.将自产、委托加工或购进的货物无偿赠送给其他单位或个人

3.下列进项税额允许抵扣的有（　　）。

A.从销售方取得的增值税专用发票（含税控机动车销售统一发票，下同）上注明的增值税额

B.从海关取得的海关进口增值税专用缴款书上注明的增值税额

C.从境外单位或者个人购进劳务、服务、无形资产或者不动产，自税务机关或者扣缴义务人取得的代扣代缴税款的完税凭证上注明的增值税额

D.购进农产品按照农产品收购发票或者销售发票上注明的农产品买价和9%的扣除率计算的进项税额

4.下列进项税额不得抵扣的有（　　）。

A.用于适用简易计税方法计税项目的购进货物

B.用于免征增值税项目的购进货物

C.用于集体福利的购进货物

D.用于个人消费的购进货物

5.企业购进货物发生下列情形中相应的进项税额不得抵扣的有（　　）。

A.被盗

B.丢失

C.霉烂变质

D.因违反法律法规造成货物或者不动产被依法没收、销毁、拆除

6.若在产品、产成品发生非正常损失，则进项税额不得抵扣的有（　　）。

A.所耗用的购进货物（不包括固定资产）进项税额

B.相关加工修理修配劳务的进项税额

C.相关交通运输服务的进项税额

D.相关设计服务的进项税额

7.对小规模纳税人企业，下列各项说法正确的有（　　）。

A.企业销售货物或者提供应税劳务，一般情况下，只能开具普通发票，不能开具增值税专用发票

B.企业销售货物或提供应税劳务，实行简易办法计算应纳税额的，按照不含税销

售额的一定比例计算征收

C.企业在“应交增值税”明细账户下应设置“已交税金”等专栏

D.企业购入货物取得增值税专用发票，其支付的增值税额可计入进项税额，并可从销项税额中扣除，而不计入购入货物的成本

8.某企业为增值税小规模纳税人，适用增值税征收率3%，原材料按实际成本法核算。3月份发生如下经济业务：购入原材料一批，取得的增值税专用发票上注明金额30 000元、税额3 900元，款项以银行存款支付，材料验收入库；销售产品一批，开具的普通发票上注明货款（含税）51 500元，款项已存入银行。用银行存款缴纳增值税1 500元。该企业下列账务处理正确的有（　　）。

A.购入原材料：

借：原材料　　33 900

　　贷：银行存款　　33 900

B.销售产品应纳增值税 = 51 500÷（1 + 3%）× 3% = 1 500（元）

C.销售产品：

借：银行存款　　51 500

　　贷：主营业务收入　　50 000

　　　　应交税费——应交增值税　　1 500

D.缴纳增值税：

借：应交税费——应交增值税　　1 500

　　贷：银行存款　　1 500

技能点2-5 应交消费税核算

一、判断题（下列各题正确的在括号内打“√”，错误的打“×”）

1.委托加工物资收回后用于连续生产应税消费品的，受托方代收代缴的消费税应计入委托加工物资的成本。（　　）

2.企业进口应税消费品缴纳的消费税，记入“应交税费”账户的借方。（　　）

3.企业将自产的应税消费品用于在建工程的，应将应交的消费税计入税金及附加。（　　）

二、单项选择题（下列各题只有一个正确答案，请将正确答案填在括号内）

1.甲、乙公司均为增值税一般纳税人，甲公司委托乙公司加工一批应交消费税的半成品，收回后用于连续生产应税消费品。甲公司发出原材料实际成本210万元，支付加工费6万元、增值税0.78万元、消费税24万元。假定不考虑其他相关税费，甲公司收回的该半成品的入账价值为（　　）万元。

A.216　　B.216.78　　C.240　　D.240.78

2.甲公司为增值税小规模纳税人，乙公司为增值税一般纳税人。甲公司委托乙公司加工一批应交消费税的半成品，收回后直接销售。甲公司发出原材料实际成本为100万元，支付加工费3万元、增值税0.39万元、消费税10万元。假定不考虑其他相关税费，

甲公司收回的该半成品的入账价值为（　　）万元。

A.113　　B.103　　C.113.39　　D.103.39

3.应交消费税的委托加工物资收回后用于连续生产应税消费品的，按规定准予抵扣的由受托方代收代缴的消费税应当计入（　　）。

A.生产成本　　B.应交税费

C.主营业务成本　　D.委托加工物资

三、多项选择题（下列各题至少有两个正确答案，请将正确答案填在括号内）

1.下列各项应计入存货成本的有（　　）。

A.由受托方代收代缴的直接用于对外销售的委托加工物资负担的消费税

B.由受托方代收代缴的用于连续生产应税消费品的委托加工物资负担的消费税

C.进口原材料缴纳的进口环节消费税

D.一般纳税人进口原材料缴纳的增值税

2.下列各项关于消费税的说法正确的有（　　）。

A.企业将自产产品用于在建工程的，其应交消费税，借记“在建工程”账户，贷记“应交税费——应交消费税”账户

B.企业将自产产品直接对外销售的，其应交消费税，借记“税金及附加”账户，贷记“应交税费——应交消费税”账户

C.企业将自产产品用于对外投资的，其应交消费税，借记“营业外支出”账户，贷记“应交税费——应交消费税”账户

D.企业将自产产品用于对外捐赠的，其应交消费税，借记“税金及附加”账户，贷记“应交税费——应交消费税”账户

技能点 2-6　其他应交税费核算与应交税费列报

一、判断题（下列各题正确的在括号内打“√”，错误的打“×”）

1.企业应交的各种税费均应通过“应交税费”账户核算。（　　）

2.房地产企业销售房地产应缴纳的土地增值税应记入“固定资产清理”账户。（　　）

二、单项选择题（下列各题只有一个正确答案，请将正确答案填在括号内）

1.企业按规定计算缴纳的下列税金，应当计入相关资产成本的是（　　）。

A.房产税　　B.城镇土地使用税

C.城市维护建设税　　D.车辆购置税

2.下列关于企业应缴纳的城市维护建设税的账务处理正确的是（　　）。

A.借：管理费用

　　贷：应交税费——应交城市维护建设税

B.借：税金及附加

　　贷：应交税费——应交城市维护建设税

C.借：应交税费——应交城市维护建设税

贷：管理费用

D.借：应交税费——应交城市维护建设税

贷：税金及附加

3.下列有关税金的账务处理正确的是（　　）。

A.拥有产权的房屋应缴纳的房产税计入房屋成本

B.企业应缴纳的城市维护建设税计入税金及附加

C.签订购销合同应缴纳的印花税计入主营业务成本

D.商用货车应缴纳的车船税计入管理费用

4.企业应缴纳的车船税应借记的账户是（　　）。

A.“销售费用”　　B.“管理费用”

C.“主营业务成本”　　D.“税金及附加”

5.下列各项不通过“应交税费”账户核算的是（　　）。

A.车船税　　B.房产税

C.印花税　　D.城市维护建设税

三、多项选择题（下列各题至少有两个正确答案，请将正确答案填在括号内）

1.下列各项应计入企业固定资产价值的有（　　）。

A.进口环节缴纳的消费税　　B.车船税

C.车辆购置税　　D.城镇土地使用税

2.下列各项可以记入利润表“税金及附加”项目的有（　　）。

A.增值税　　B.城市维护建设税

C.教育费附加　　D.印花税

3.企业自产自用应税矿产品应交的资源税，可能计入（　　）。

A.生产成本　　B.制造费用

C.主营业务成本　　D.税金及附加

项目三　所有者权益核算

任务一　实收资本和资本公积核算

学习重点与难点

技能点3-1　实收资本定义及核算

实收资本定义及核算见表3-1。

表3-1　实收资本定义及核算

<table>
<tr><th colspan="3">项　目</th><th colspan="2">内　容</th></tr>
<tr><td colspan="3" rowspan="3">与实收资本相关的概念</td><td colspan="2">实收资本是指企业按照章程规定或合同、协议的约定，接受投资者投入企业的资本</td></tr>
<tr><td colspan="2">注册资本是指企业在工商行政管理部门登记的投资者缴纳的出资额</td></tr>
<tr><td colspan="2">投入资本是指投资者作为资本实际投入企业的资本数额</td></tr>
<tr><td colspan="3">账户设置</td><td colspan="2">有限责任公司：“实收资本”；股份有限公司：“股本”“库存股”</td></tr>
<tr><td rowspan="2">账务处理</td><td rowspan="2">实收资本（或股本）增加</td><td colspan="2">接受现金资产投资</td><td>借：银行存款
　　贷：实收资本
　　　　资本公积——资本溢价（超过注册资本的部分）</td></tr>
<tr><td colspan="2">发行股票</td><td>借：银行存款（实收金额）
　　贷：股本（面值×股份数）
　　　　资本公积——股本溢价（差额）</td></tr>
</table>

续表

<table>
<tr><th colspan="3">项目</th><th>内容</th></tr>
<tr><td rowspan="4">账务处理</td><td rowspan="3">实收资本（或股本）增加</td><td>接受非现金资产投资</td><td>借：原材料 /库存商品/固定资产/无形资产
应交税费——应交增值税（进项税额）
贷：实收资本（或股本）
资本公积——资本溢价（或股本溢价）
注：接受投入资产的入账价值为投资合同或协议约定的价值，但投资合同或协议约定的价值不公允的，应按公允价值入账</td></tr>
<tr><td>资本公积、盈余公积转增资本</td><td>借：资本公积
盈余公积
贷：实收资本</td></tr>
<tr><td>发放股票股利</td><td>借：利润分配——转作股本的股利
贷：股本——普通股</td></tr>
<tr><td>实收资本（或股本）减少</td><td colspan="2">有限责任公司：
借：实收资本
贷：银行存款
股份有限公司：
回购股票支付的价款高于面值总额：
借：股本（注销股票数×面值）
资本公积——股本溢价
盈余公积（股本溢价余额不足冲减时）
利润分配——未分配利润（盈余公积余额不足冲减时）
贷：库存股（注销股票的账面余额）
回购股票支付的价款低于面值总额：
借：股本（注销股票数×面值）
贷：库存股（注销股票的账面余额）
资本公积——股本溢价</td></tr>
</table>

技能点 3-2 资本公积定义及核算

资本公积定义及核算见表3-2。

表3-2 资本公积定义及核算

<table>
<tr><th colspan="2">项 目</th><th colspan="2">内 容</th></tr>
<tr><td rowspan="4">资本公积</td><td>定义</td><td colspan="2">资本公积是企业收到投资者出资额超出其在注册资本（或股本）中所占份额的部分以及其他资本公积等</td></tr>
<tr><td>来源</td><td colspan="2">资本溢价（或股本溢价）和其他资本公积</td></tr>
<tr><td>用途</td><td colspan="2">转增资本或股本</td></tr>
<tr><td>账务处理</td><td>①资本（或股本）溢价：
借：银行存款等
贷：实收资本（或股本）
资本公积——资本溢价（或股本溢价）</td><td>②资本公积转增资本：
借：资本公积
贷：实收资本</td></tr>
</table>

技能点3-3 实收资本与资本公积列报

实收资本与资本公积列报见表3-3。

表3-3　实收资本与资本公积列报

资产负债表项目	编制依据
实收资本或股本	反映企业各投资者实际投入的资本（或股本）总额，根据“实收资本”（或“股本”）账户的期末余额填列
资本公积	反映企业资本公积的期末余额，根据“资本公积”账户的期末余额填列
库存股	反映企业持有的尚未转让或注销的本公司股份金额，根据“库存股”账户的期末余额填列

职业判断能力训练

技能点3-1 实收资本定义及核算

一、判断题（下列各题正确的在括号内打“√”，错误的打“×”）

1.企业接受原材料投资应负担的增值税应计入实收资本或股本。（　）

2.企业接受投资者非现金资产投资应按该资产的账面价值入账。（　）

3.企业收到以无形资产方式投入的资本，应按无形资产的成本确定实收资本入账金额。（　）

4.在溢价发行股票的情况下，企业发行股票取得的收入应全部作为股本处理。（　）

5.发行股票相关手续费、佣金等交易费用应计入当期财务费用。（　）

6.股份有限公司回购股票支付的价款低于股票面值总额的，注销库存股的账面余额与所冲减股本的差额贷记“资本公积——股本溢价”账户。（　）

7.股份有限公司回购本公司股票时，应按照实际支付的价款，借记“股本”账户。（　）

二、单项选择题（下列各题只有一个正确答案，请将正确答案填在括号内）

1.下列各项中，不会引起实收资本金额增加的是（　）。

A.接受投资者追加投资　　B.资本公积转增资本

C.盈余公积转增资本　　D.接受非流动资产捐赠

2.甲、乙、丙共同出资设立A有限责任公司，注册资本为200万元，甲、乙、丙持股比例分别为60%、25%、15%。按照章程规定，甲投资的金额为（　）万元。

A.120　　B.50　　C.30　　D.200

3.某有限责任公司由甲、乙两个股东各出资100万元设立，设立时注册资本为200万元。经过两年运营，该公司盈余公积和未分配利润合计为50万元，所有者权益总额为250万元，此时投资者丙有意加入，经各方协商同意丙公司以200万元出资，且丙在注册资本中享有的份额为该有限责任公司接受投资后所有者权益总额的1/3。该有限责任公司在接受丙投资者投资时，应借记“银行存款”账户200万元，贷记（　　）。

A.“实收资本”账户120万元，“资本公积——资本溢价”账户80万元

B.“实收资本”账户150万元，“资本公积——资本溢价”账户50万元

C.“实收资本”账户160万元，“资本公积——资本溢价”账户40万元

D.“实收资本”账户200万元

4.企业接受非现金资产投资时，应按（　　）（其不公允的除外）确定非现金资产价值和在注册资本中应享有的份额。

A.投资合同约定的价值　　B.被投资方确定的价值

C.投资方非现金资产的账面价值　　D.投资方确定的价值

5.甲、乙公司均为增值税一般纳税人，适用增值税税率13%。甲公司接受乙公司投资原材料一批，账面价值100 000元，投资协议约定价值120 000元，假定投资协议约定的价值与公允价值相符，增值税进项税额由投资方支付，并开具了增值税专用发票，该项投资没有产生资本溢价。甲公司实收资本增加（　　）元。

A.100 000　　B.113 000　　C.120 000　　D.135 600

6.甲公司于设立时收到乙公司作为资本投入的原材料一批，投资合同约定该批原材料价值20万元，增值税进项税额2.6万元。乙公司开具了增值税专用发票。假定合同约定的价值与公允价值相符，该进项税额允许抵扣。不考虑其他因素，下列处理不正确的是（　　）。

A.原材料入账价值为20万元　　B.实收资本入账价值为22.6万元

C.进项税额计入借方留待抵扣　　D.实收资本入账价值为20万元

7.采用溢价发行股票方式筹集资本时，“股本”账户所登记的金额是（　　）。

A.实际收到的款项

B.实际收到款项扣除付给证券商费用后的净额

C.实际收到款项加上冻结资金期间利息收入后的余额

D.股票面值乘以股份总数

8.某上市公司发行普通股1 000万股，每股面值1元，每股发行价格5元，支付手续费20万元，支付咨询费60万元。该公司发行普通股计入股本的金额为（　　）万元。

A.1 000　　B.4 920　　C.4 980　　D.5 000

9.股份有限公司采用收购本公司股票方式减资的，按注销股票的面值总额减少股本，购回股票支付的价款超过面值的部分，应依次冲减的账户是（　　）。

A.“盈余公积”“资本公积”“利润分配——未分配利润”

B.“利润分配——未分配利润”“资本公积”“盈余公积”

C.“利润分配——未分配利润”“盈余公积”“资本公积”

D.“资本公积”“盈余公积”“利润分配——未分配利润”

10. 甲股份有限公司以每股4元的价格回购股票1 000万股，股票每股面值为1元，共支出回购款4 050万元。回购时，公司股本为11 000万元，资本公积（股本溢价）为3 000万元（均为该股票产生），盈余公积为450万元，未分配利润为550万元。回购股票并注销后，甲公司的所有者权益总额为（　　）万元。

A.14 000　　B.11 950　　C.10 950　　D.15 000

三、多项选择题（下列各题至少有两个正确答案，请将正确答案填在括号内）

1. 下列各项中，会引起企业实收资本增加的有（　　）。

A. 盈余公积转增资本　　B. 处置长期股权投资

C. 资本公积转增资本　　D. 对外进行债券投资

2. 企业增加资本的途径有（　　）。

A. 资本公积转为实收资本或股本　　B. 回购企业股票

C. 所有者投入资本　　D. 盈余公积转增资本

3. 下列各项中，会导致企业实收资本增加的有（　　）。

A. 盈余公积转增资本　　B. 接受非流动资产捐赠

C. 资本公积转增资本　　D. 接受投资者追加投资

4. 甲有限责任公司收到乙企业的机器设备出资，该设备的原价为100万元，已计提折旧60万元，投资合同约定该设备价值50万元（与公允价值相同且不考虑增值税），占注册资本40万元，不考虑其他因素，则关于甲有限责任公司的账务处理表述正确的有（　　）。

A. 固定资产的入账价值为40万元　　B. 固定资产的入账价值为50万元

C. 确认实收资本40万元　　D. 确认资本公积10万元

5. 某公司由甲、乙投资者分别出资100万元设立。为扩大经营规模，该公司的注册资本由200万元增加到250万元，丙企业以现金出资100万元，享有公司20%的注册资本，不考虑其他因素，该公司接受丙企业出资相关账户的账务处理结果正确的有（　　）。

A. 贷记“实收资本”账户100万元　　B. 贷记“盈余公积”账户100万元

C. 贷记“资本公积”账户50万元　　D. 借记“银行存款”账户100万元

6. 企业减少实收资本应按法定程序报经批准，企业可以减资的情况有（　　）。

A. 资本过剩　　B. 发生重大亏损　　C. 投资者要求　　D. 盈利

7.XM公司是一家上市公司，经法定程序报经批准后决定回购本公司股票进行减资，购回股票支付的价款大于股票的面值，所注销的库存股账面余额与冲减的股本的差额可能记入的账户有（　　）。

A.“盈余公积”　　B.“资本公积”　　C.“未分配利润”　　D.“财务费用”

8. 发行股票相关的手续费、佣金等交易费用，如果是无溢价发行股票或溢价金额不足以抵扣，不足抵扣的部分可以冲减（　　）。

A. 实收资本　　B. 盈余公积　　C. 未分配利润　　D. 财务费用

9. 公司发行股票支付的手续费、佣金等发行费用，有可能作的账务处理有（　　）。

A. 冲减未分配利润　　B. 冲减盈余公积

C.从溢价中抵扣　　　　　　　　D.计入财务费用

技能点3-2 资本公积定义及核算

一、判断题（下列各题正确的在括号内打“√”，错误的打“×”）

1.股份有限公司溢价发行股票时，按面值计入股本，溢价收入扣除发行手续费、佣金等发行费用后的金额计入资本公积。（　　）

2.公司按面值发行股票时，发生的相关交易费用冲减“资本公积——其他资本公积”账户。（　　）

3.企业溢价发行股票发生的手续费、佣金应从溢价中冲减，溢价金额不足冲减的计入营业外支出。（　　）

4.在溢价发行股票的情况下，公司发行股票的溢价收入，直接冲减当期的财务费用。（　　）

5.经董事会决议可以使用资本公积转增资本。（　　）

6.资本公积经批准后可用于派发现金股利。（　　）

二、单项选择题（下列各题只有一个正确答案，请将正确答案填在括号内）

1.下列各项不属于资本公积来源的是（　　）。

A.资本溢价　　　　　　　　B.股本溢价

C.处置无形资产形成的利得　　　　D.资本公积——其他资本公积

2.某企业首次公开发行普通股600万股，每股面值1元，每股发行价格6元，支付佣金72万元、手续费18万元，该业务使企业资本公积增加（　　）万元。

A.2 928　　B.2 982　　C.3 000　　D.2 910

3.A有限责任公司由两位投资者投资200万元设立，每人出资100万元。一年后，为扩大经营规模，经协商A有限责任公司注册资本增加到300万元，并引入第三位投资者加入。按照投资协议，新投资者需缴入现金120万元，才能享有该公司三分之一的股份。A有限责任公司已收到该投资者的现金投资。假定不考虑其他因素，A有限责任公司接受第三位投资者投资时确认的资本公积为（　　）万元。

A.110　　B.100　　C.20　　D.200

4.某股份有限公司委托证券公司代理发行普通股2 000股，每股面值1元，每股发行价格4元，证券公司按发行收入的2%收取手续费，该公司此项业务应计入资本公积的金额为（　　）元。

A.5 840　　B.5 880　　C.5 960　　D.6 000

5.甲公司注册资本30 000万元，2019年4月2日乙公司追加投资一幢办公楼，该办公楼账面余额8 000万元，已提折旧2 500万元，投资双方确认的价值6 500万元，该出资在甲公司注册资本中占20%的份额，则应计入资本公积的金额为（　　）万元。

A.500　　B.1 500　　C.3 000　　D.5 000

6.有限责任公司成立一段时间后决定扩大生产经营规模，吸收投资者。该新投资者需要缴纳的出资额应大于其在注册资本中所占的份额，超出的部分应记入的账户是（　　）。

A.“资本公积（资本溢价）”　B.“资本公积（股本溢价）”

C.“盈余公积”　D.“营业外收入”

7.某股份有限公司按法定程序报经批准后采用收购本公司股票方式减资，回购股票支付的价款低于股票面值总额的，所注销库存股账面余额与所冲减股本的差额应计入（　　）。

A.盈余公积　B.营业外收入　C.资本公积　D.未分配利润

8.甲股份有限公司按法定程序报经批准后采用收购本公司股票方式减资，购回股票支付的价款低于股票面值总额，所注销库存股账面余额与所冲减股本的差额应记入的账户是（　　）。

A.“盈余公积”　B.“利润分配——未分配利润”

C.“营业外收入”　D.“资本公积”

三、多项选择题（下列各题至少有两个正确答案，请将正确答案填在括号内）

1.下列各项不会使资本公积发生增减变动的有（　　）。

A.企业实现净利润　B.交易性金融资产公允价值变动

C.资本公积转增资本　D.投资者超过注册资本额投入的资本

2.下列各项应通过“资本公积”账户核算的有（　　）。

A.资本（或股本）溢价　B.其他资本公积

C.接受捐赠非现金资产　D.按净利润一定比例提取的盈余公积

3.下列各项应通过“资本公积”账户核算的有（　　）。

A.资本溢价　B.股本溢价

C.交易性金融资产公允价值上升部分　D.向灾区捐赠现金

4.下列各项属于资本公积来源的有（　　）。

A.盈余公积转入　B.其他资本公积

C.资本溢价或股本溢价　D.从企业实现的利润中提取

5.下列各项应计入资本公积的有（　　）。

A.交易性金融资产公允价值变动　B.投资者超额投入的资本

C.股票发行的溢价　D.注销库存股回购价小于回购股票面值的

6.下列各项应记入“资本公积”账户贷方的有（　　）。

A.无法支付的应付账款

B.以资本公积转增资本

C.接受投资者现金投资200万元，其中属于资本溢价的部分80万元

D.接受投资者投入一批材料，投资双方确认的价值超过该投资者在注册资本中所占份额

7.股份有限公司通过回购本公司股票方式减资的，当回购价格大于股本面值时，可能涉及的账户有（　　）。

A.“资本公积”　B.“盈余公积”　C.“利润分配”　D.“其他综合收益”

任务二 留存收益核算

学习重点与难点

技能点3-4 留存收益定义与核算

留存收益定义与核算见表3-4。

表3-4 留存收益定义与核算

项目	内容	
留存收益构成	留存收益包括盈余公积和未分配利润	
可供分配利润	=当年实现的净利润（或净亏损）+年初未分配利润（或－年初未弥补亏损）+其他转入	
利润分配顺序	①弥补公司以前年度亏损；②提取法定公积金；③提取任意公积金；④向投资者分配利润或股利	
账户设置	“利润分配”明细账户有：未分配利润、提取法定盈余公积、提取任意盈余公积、应付现金股利或利润、盈余公积补亏、转作股本的股利	
	“盈余公积”明细账户有：法定盈余公积、任意盈余公积	
盈余公积用途	弥补亏损、转增资本（或股本）、发放现金股利或利润	
利润分配主要账务处理	结转本年利润	结转本年实现的净利润： 借：本年利润 贷：利润分配——未分配利润 发生净亏损，做相反会计分录
	盈余公积弥补亏损	借：盈余公积 贷：利润分配——盈余公积补亏
	提取盈余公积	借：利润分配——提取法定盈余公积 ——提取任意盈余公积 贷：盈余公积——法定盈余公积 ——任意盈余公积
	分配现金股利或利润	借：利润分配——应付现金股利或利润 贷：应付股利（或应付利润）
	发放股票股利	借：利润分配——转作股本的股利 贷：股本
	结转“利润分配”其他明细账户	借：利润分配——未分配利润 贷：利润分配——提取法定盈余公积 ——提取任意盈余公积 ——应付现金股利或利润 ——转作股本的股利

技能点3-5 留存收益列报

留存收益列报见表3-5。

表3-5　留存收益列报

资产负债表项目	编制依据
盈余公积	反映企业盈余公积的期末余额，根据“盈余公积”账户的期末余额填列
未分配利润	平时应根据“本年利润”账户和“利润分配”账户的余额计算填列；年末根据“利润分配——未分配利润”明细账户余额填列；如为未弥补的亏损，以“-”号填列

职业判断能力训练

技能点3-4 留存收益定义及核算

一、判断题（下列各题正确的在括号内打“√”，错误的打“×”）

1.无论是以税前利润还是以税后利润弥补亏损，会计上都无须做专门的账务处理，但在计算缴纳所得税时两者的处理不同。（　　）

2.“利润分配”总账的年末余额不一定与相应的资产负债表“未分配利润”项目的数额一致。（　　）

3.企业计提法定盈余公积的基数是当年实现的净利润和企业年初未分配利润之和。（　　）

4.未分配利润的年末余额等于企业当年实现的税后利润加未分配利润年初数。（　　）

5.企业以盈余公积转增资本时，留存收益总额不会发生变动。（　　）

6.若“未分配利润”账户期初有贷方余额，企业期末获利并计提盈余公积时的基数应包含“未分配利润”账户期初贷方余额。（　　）

7.年度终了结账后，除“未分配利润”明细账户外，“利润分配”账户下的其他明细账户均无余额。（　　）

8.以税前利润弥补亏损和以税后利润弥补亏损，对企业当期应交所得税的影响一样。（　　）

二、单项选择题（下列各题只有一个正确答案，请将正确答案填在括号内）

1.下列各项会引起企业留存收益总额发生变动的是（　　）。

A.股本溢价　　B.提取任意盈余公积

C.接受现金资产投资　　D.盈余公积转增资本

2.下列各项会引起企业留存收益总额发生变动的是（　　）。

A.提取法定盈余公积　　B.宣告分配现金股利

C.提取任意盈余公积　　D.用盈余公积弥补亏损

3.某企业2019年1月1日所有者权益构成如下：实收资本200万元，资本公积17万元，盈余公积38万元，未分配利润32万元。若当年该企业实现净利润80万元，假定当年未进行利润分配，则该企业2019年12月31日留存收益为（　　）万元。

A.32　　B.38　　C.70　　D.150

4.A公司2019年年初盈余公积金额为260万元。该公司当年实现净利润300万元，提取盈余公积30万元，盈余公积转增资本60万元，以盈余公积向投资者分配股利20万元。该公司2019年年末盈余公积为（　　）万元。

A.200　　B.230　　C.210　　D.180

5.某企业2019年实现净利润60万元，2018年发生亏损100万元。2019年年末企业对会计利润的账务处理正确的是（　　）。

A.借记“利润分配——盈余公积补亏”60万元，贷记“利润分配——未分配利润”60万元

B.借记“本年利润”60万元，贷记“利润分配——未分配利润”60万元

C.借记“盈余公积”60万元，贷记“利润分配——未分配利润”60万元

D.借记“利润分配——未分配利润”60万元，贷记“利润分配——其他转入”60万元

6.某企业2019年年初“利润分配——未分配利润”账户有借方余额20万元，当年实现净利润160万元，企业按净利润的10%提取盈余公积。该企业2019年年末可供分配的利润为（　　）万元。

A.126　　B.124　　C.140　　D.160

7.甲公司2019年年初“利润分配——未分配利润”账户有借方余额100万元，2019年“本年利润”借方发生额800万元，贷方发生额1800万元，公司决定在2019年分派现金股利10万元，则提取法定盈余公积的基数为（　　）万元。

A.1 000　　B.900　　C.990　　D.1 800

8.某企业2019年年初盈余公积余额为50万元，本年利润总额为600万元，所得税费用为150万元，按净利润的10%提取法定盈余公积，并将盈余公积10万元转增资本。该企业2019年年末盈余公积余额为（　　）万元。

A.40　　B.85　　C.95　　D.110

三、多项选择题（下列各题至少有两个正确答案，请将正确答案填在括号内）

1.下列各项能引起盈余公积发生增减变动的有（　　）。

A.提取任意盈余公积　　B.以盈余公积转增资本

C.用任意盈余公积弥补亏损　　D.用盈余公积派发新股

2.下列各项属于企业留存收益的有（　　）。

A.发行股票的溢价收入

B.按规定从净利润中提取的法定盈余公积

C.累计未分配利润

D.按股东大会决议从净利润中提取的任意盈余公积

3.下列各项不属于留存收益的有（　　）。

A.资本溢价　　B.任意盈余公积　　C.投资收益　　D.库存股

4.下列各项不会引起留存收益总额发生变动的有（　　）。

A.用盈余公积补亏　　B.提取盈余公积

C.回购本公司部分股份　　D.发放股票股利

5.下列各项不会导致留存收益减少的有（　　）。

A.向投资者分配利润　　B.实现净利润

C.发生净亏损　　D.提取法定盈余公积

6.下列各项中，年度终了需要转入“利润分配——未分配利润”账户的有（　　）。

A.本年利润　　B.利润分配——应付现金股利或利润

C.利润分配——盈余公积补亏　　D.利润分配——提取法定盈余公积

7.下列各项关于留存收益的表述正确的有（　　）。

A.法定盈余公积经批准可用于转增资本

B.“未分配利润”明细账户年末借方余额表示累计亏损额

C.留存收益包括盈余公积和未分配利润

D.任意盈余公积可用于发放现金股利

8.下列各项会引起留存收益总额发生增减变动的有（　　）。

A.盈余公积补亏　　B.税后净利润弥补亏损

C.用盈余公积发放现金股利　　D.盈余公积转增资本

9.下列各项会影响可供分配利润的有（　　）。

A.年初未分配利润　　B.当年实现的净利润

C.提取的盈余公积　　D.盈余公积补亏

10.对未分配利润的下列表述正确的有（　　）。

A.当年的净利润是企业未指定特定用途的利润

B.未分配利润是企业历年实现的净利润经过弥补亏损、提取盈余公积和向投资者分配利润后留存在企业的利润

C.企业对于未分配利润的使用不会受到很大的限制

D.“利润分配——未分配利润”账户为贷方余额，表示累计未弥补亏损的数额

四、不定项选择题

1.某股份有限公司2019年1月1日资产负债表中股东权益各项目年初余额分别为：股本3 000万元，资本公积4 000万元，盈余公积400万元，未分配利润2 000万元。2019年公司发生如下相关业务：

（1）经股东大会批准，宣告发放2018年现金股利1 500万元。

（2）经股东大会批准已履行相关增资手续，将资本公积4 000万元转增资本。

（3）经批准增资扩股，委托证券公司发行普通股400万股，每股面值1元，每股发行价6元，按照发行价的3%向证券公司支付相关发行费用（暂不考虑增值税）。

（4）当年实现净利润3 000万元，提取法定盈余公积和任意盈余公积的比例分别为10%和5%。

要求：根据上述资料，不考虑其他因素，分别回答下列（1）至（5）小题。

（1）根据期初资料和业务（1），关于宣告发放现金股利对该公司股东权益和负债项目的影响表述正确的是（　　）。

A.“负债合计”项目增加1 500万元

B.“未分配利润”项目减少1 500万元

C.“股东权益合计”项目减少1 500万元

D.“盈余公积”项目减少1 500万元

（2）根据业务（2），关于该公司以资本公积转增资本的账务处理结果表述正确的是（　　）。

A.股东权益总额减少4 000万元　　B.股东权益总额不变

C.留存收益减少4 000万元　　D.股本增加4 000万元

（3）根据业务（3），该公司增发股票计入资本公积的金额是（　　）万元。

A.2 000　　B.2 324　　C.1 928　　D.1 940

（4）根据期初资料、业务（4），关于该公司盈余公积的计算结果表述正确的是（　　）。

A.本年增加盈余公积450万元

B.期末盈余公积余额为1 100万元

C.本年增加盈余公积300万元

D.期末盈余公积余额为850万元

（5）根据期初资料、业务（1）至业务（4），关于2019年12月31日该公司资产负债表“股东权益”有关项目的期末余额计算结果正确的是（　　）。

A.“股本”项目为7 400万元　　B.“股东权益合计”项目为17 626万元

C.“资本公积”项目为5 928万元　　D.“未分配利润”项目为3 050万元

2.甲公司为上市公司，适用企业所得税税率25%。2019年甲公司有关业务如下：

（1）1月1日，股东权益总额为11 100万元，其中股本为8 000万元（每股面值1元），资本公积（股本溢价）为2 000万元，盈余公积为800万元，未分配利润为300万元。

（2）6月28日，经股东大会批准，甲公司按每股2元的价格回购本公司股票1 000万股并注销。

（3）甲公司2019年实现净利润1 350万元，经股东大会批准，甲公司本年度按净利润的10%提取法定盈余公积，按每10股0.5元发放现金股利350万元。

要求：根据上述资料，不考虑其他因素，分析回答下列（1）至（4）小题。

（1）根据业务（1）和业务（2），甲公司的账务处理（单位：万元）正确的是（　　）。

A.回购本公司股份时：

借：股本　　2 000

　　贷：银行存款　　2 000

B.回购本公司股份时：

借：库存股　　2 000

　　贷：银行存款　　2 000

C.注销本公司股份时：
借：股本　　1 000
　　资本公积　　1 000
　　贷：库存股　　2 000

D.注销本公司股份时：
借：股本　　2 000
　　贷：库存股　　2 000

（2）根据业务（3），下列账务处理（单位：万元）正确的是（　　）。

A.借：利润分配——提取法定盈余公积　　135
　　贷：盈余公积　　135

B.借：利润分配——未分配利润　　135
　　贷：盈余公积　　135

C.借：利润分配——应付股利或利润　　350
　　贷：应付股利　　350

D.借：利润分配——未分配利润　　350
　　贷：应付股利　　350

（3）根据业务（1）至业务（3），下列表述正确的是（　　）。

A.甲公司回购本公司股票，会减少所有者权益2 000万元

B.甲公司库存股注销后资本公积为1 000万元

C.甲公司2019年年末盈余公积为935万元

D.甲公司分配现金股利后未分配利润为1 300万元

（4）根据业务（1）至业务（3），甲公司2019年12月31日的所有者权益总额为（　　）万元。

A.10 450　　B.10 650　　C.10 100　　D.11 950

项目四　收入和费用核算

任务一　收入核算

学习重点与难点

知识点4-1　收入的分类与核算账户设置

收入的分类与核算账户设置见表4-1。

表4-1　收入的分类与核算账户设置

项　目	内　容
收入分类	按企业从事日常活动的性质不同，收入可分为销售商品收入、提供劳务收入、让渡资产使用权收入。 按企业经营业务的主次不同，收入可分为主营业务收入和其他业务收入
账户设置	“主营业务收入”和“其他业务收入”

技能点4-1　销售商品收入核算

销售商品收入核算见表4-2。

表4-2　销售商品收入核算

项　目	内　容
确认	销售商品收入同时满足下列条件时才能予以确认：①企业已将商品所有权上的主要风险和报酬转移给购货方；②企业既没有保留通常与所有权相联系的继续管理权，也没有对已售出商品实施有效控制；③相关经济利益很可能流入企业；④收入金额能够可靠地计量；⑤相关已发生或将发生的成本能够可靠地计量。 注：“很可能”一般是指收到货款的概率超过50%，小于95%。

续表

<table>
<tr><th>项　目</th><th colspan="3">内　容</th></tr>
<tr><td>计量</td><td colspan="3">已收或应收合同或协议的公允价值</td></tr>
<tr><td>一般销售</td><td colspan="3">确认收入时：
借：银行存款/应收账款/应收票据等
　　贷：主营业务收入/其他业务收入
　　　　应交税费——应交增值税（销项税额）</td></tr>
<tr><td>已经发出但不符合收入确认条件的业务</td><td colspan="2">发出商品但不确认销售收入：
借：发出商品
　　贷：库存商品</td><td>已经开出增值税专用发票的：
借：应收账款等
　　贷：应交税费——应交增值税（销项税额）</td></tr>
<tr><td rowspan="5">折扣、折让和退回业务</td><td>商业折扣</td><td colspan="2">商业折扣在销售时就已确定，因此应按扣除商业折扣后的金额确定收入。
销售实现时：
借：应收账款等
　　贷：主营业务收入（扣除商业折扣后售价）
　　　　应交税费——应交增值税（销项税额）</td></tr>
<tr><td>现金折扣</td><td colspan="2">现金折扣通常在销售实现后才确定，因此应按扣除现金折扣前的金额确定收入，发生的折扣计入财务费用。
销售实现时：
借：应收账款等
　　贷：主营业务收入（扣除现金折扣前的售价）
　　　　应交税费——应交增值税（销项税额）
发生现金折扣时：
借：银行存款
　　财务费用（现金折扣）
　　贷：应收账款</td></tr>
<tr><td rowspan="3">销售折让</td><td colspan="2">发生在确认销售收入之前的，在确认销售收入时直接按扣除销售折让后的金额确认收入。
销售实现时：
借：应收账款等
　　贷：主营业务收入（扣除折让后不含税售价）
　　　　应交税费——应交增值税（销项税额）</td></tr>
<tr><td colspan="2">发生在确认销售收入之后且不属于资产负债表日后事项的，应直接冲减折让发生当期的收入。
借：主营业务收入（折让额）
　　应交税费——应交增值税（销项税额）（按规定允许扣减的增值税）
　　贷：应收账款等</td></tr>
<tr><td colspan="2">属于资产负债表日后事项的，应按有关资产负债表日后事项的相关规定处理。</td></tr>
</table>

续表

项目		内容		
折扣、折让和退回业务	销售退回	尚未确认收入的销售退回： 借：库存商品 　　贷：发出商品	若原来发出商品时增值税纳税义务已发生： 借：应交税费——应交增值税（销项税额） 　　贷：应收账款	
		已确认收入的销售退回： 借：主营业务收入 　　应交税费——应交增值税（销项税额）（允许扣减的增值税） 　　贷：银行存款 　　　　财务费用（退回现金折扣）	同时： 借：库存商品 　　贷：主营业务成本	
预收款销售		收到预收款： 借：银行存款 　　贷：预收账款	交付商品、开具发票并清算余款： 借：预收账款 　　贷：主营业务收入 　　　　应交税费——应交增值税（销项税额） 借或贷：银行存款	结转成本： 借：主营业务成本 　　贷：库存商品

委托代销业务账务处理

一、视同买断方式

委托方		受托方	
业务	账务处理	业务	账务处理
发出代销商品	借：委托代销商品（成本） 　　贷：库存商品（成本）	收到代销商品	借：受托代销商品（协议价） 　　贷：受托代销商品款（协议价）
收到代销清单	借：应收账款（协议价+增值税） 　　贷：主营业务收入（协议价） 　　　　应交税费——应交增值税（销项税额） 同时结转成本： 借：主营业务成本（成本） 　　贷：委托代销商品（成本）	销售商品	借：银行存款（售价+增值税） 　　贷：主营业务收入（售价） 　　　　应交税费——应交增值税（销项税额） 同时结转成本： 借：主营业务成本（协议价） 　　贷：受托代销商品（协议价） 借：受托代销商品款（协议价） 　　应交税费——应交增值税（进项税额） 　　贷：应付账款（协议价+增值税）
收到代销货款	借：银行存款（协议价+增值税） 　　贷：应收账款（协议价+增值税）	支付代销货款	借：应付账款（协议价+增值税） 　　贷：银行存款（协议价+增值税）

续表

二、收取手续费方式			
委托方		受托方	
业务	账务处理	业务	账务处理
发出代销商品	借：委托代销商品（成本） 贷：库存商品（成本）	收到代销商品	借：受托代销商品（售价） 贷：受托代销商品款（售价）
收到代销清单	借：应收账款（售价+增值税） 贷：主营业务收入（售价） 应交税费——应交增值税（销项税额） 借：主营业务成本（成本） 贷：委托代销商品（成本） 借：销售费用——代销手续费 应交税费——应交增值税（进项税额） 贷：应收账款	销售商品	借：银行存款（售价+增值税） 贷：应付账款（售价） 应交税费——应交增值税（销项税额） 同时： 借：应交税费——应交增值税（进项税额） 贷：应付账款 借：受托代销商品款（售价） 贷：受托代销商品（售价）
收到代销货款	借：银行存款（售价+增值税-代销手续费） 贷：应收账款	支付代销货款	借：应付账款 贷：银行存款（售价+增值税） 其他业务收入（手续费） 应交税费——应交增值税（销项税额）

技能点4-2 提供劳务收入核算

提供劳务收入核算见表4-3。

表4-3 提供劳务收入核算

提供劳务的方式	收入确认时间	账务处理
一次完成，或在同一会计期间内开始并完成的劳务收入	在提供劳务交易完成时确认收入	①发生并确认有关成本费用： 借：劳务成本 贷：银行存款等 ②确认劳务收入，结转劳务成本： 借：应收账款/银行存款 贷：主营业务收入/其他业务收入 应交税费——应交增值税（销项税额） 借：主营业务成本/其他业务成本 贷：劳务成本

续表

<table>
<tr><th colspan="2">提供劳务的方式</th><th>收入确认时间</th><th>账务处理</th></tr>
<tr><td rowspan="4">劳务的开始和完成分属于不同会计期间</td><td>提供劳务交易的结果能够可靠估计</td><td>采用完工百分比法确认劳务收入</td><td>①提供劳务交易的结果能够可靠估计的条件：
收入的金额能够可靠地计量；相关的经济利益很可能流入企业；交易的完工进度能够可靠地确定；交易中已发生和将发生的成本能够可靠地计量。
②收入、成本金额确定：
本期确认收入=劳务总收入×本期末止劳务的累计完工进度-以前期间已确认的收入
本期确认费用=劳务总成本×本期末止劳务的累计完工进度-以前期间已确认的费用
③账务处理：
借：预收账款
贷：主营业务收入
应交税费——应交增值税（销项税额）
借：主营业务成本
贷：劳务成本</td></tr>
<tr><td rowspan="3">提供劳务交易的结果不能够可靠估计</td><td>已经发生的劳务成本预计能够全部得到补偿的</td><td>按已经发生的劳务成本金额确认收入，并按相同金额结转劳务成本</td></tr>
<tr><td>已经发生的劳务成本预计只能部分得到补偿的</td><td>按能够得到补偿的劳务成本金额确认收入，并按已经发生的劳务成本结转成本</td></tr>
<tr><td>已经发生的劳务成本预计全部不能得到补偿的</td><td>不应确认收入，应将已经发生的劳务成本计入当期损益（主营业务成本或其他业务成本）</td></tr>
<tr><td colspan="2">特殊劳务收入业务</td><td colspan="2">①安装费，在资产负债表日根据安装完工进度确认收入。安装工作是商品销售附带条件的，安装费应在确认商品销售实现时确认收入。
②宣传媒介的收费，在相关广告或商业行为开始出现于公众面前时确认收入。广告制作费，应在资产负债表日根据广告完工进度确认收入。
③为特定客户开发软件的收费，在资产负债表日根据开发的完工进度确认收入。
④包括在商品售价内可区分的服务费，在提供服务期间内分期确认收入。
⑤艺术表演、招待宴会和其他特殊活动的收费，在相关活动发生时确认收入。
⑥申请入会费和会员费只允许取得会籍，所有其他服务或商品都要另行收费的，应在款项收回不存在重大不确定性时确认收入；申请入会费和会员费能使会员在会员期内得到各种服务或商品，或以低于非会员的价格销售商品或提供服务的，应在整个受益期内分期确认收入。
⑦属于提供设备和其他有形资产的特许权使用费，在交付资产或转移资产所有权时确认收入；属于提供初始及后续服务的特许权使用费，应在提供服务时确认收入。
⑧长期为客户提供重复劳务收取的劳务费，应在相关劳务活动发生时确认收入</td></tr>
</table>

技能点 4-3 让渡资产使用权收入核算

让渡资产使用权收入核算见表4-4。

表4-4 让渡资产使用权收入核算

项 目	内 容
内容	让渡资产使用权收入主要包括转让无形资产等资产的使用权形成的使用费收入、对外出租资产收取的租金收入、进行债权投资收取的利息、进行股权投资取得的现金股利
确认	相关的经济利益很可能流入企业；收入的金额能够可靠计量
计量	一次性收取的使用费，不提供后续服务的，视同销售该项资产一次性确认收入；提供给续服务的，合同或协议规定的有效期内分期确认收入
	分期收取的使用费，通常按合同或协议规定的收款时间和金额或规定的收费方法计算确定的金额分期确认收入

职业判断能力训练

知识点 4-1 收入的分类与核算账户设置

一、判断题（下列各题正确的在括号内打“√”，错误的打“×”）

1.企业出售固定资产取得的经济利益的净流入属于资产处置损益的核算内容，不属于企业的收入。（ ）

2.企业出售无形资产取得的经济利益的净流入属于企业的收入。（ ）

3.企业的收入包括主营业务收入、其他业务收入和营业外收入。（ ）

4.处置固定资产净收益，不属于企业日常活动产生的经济利益流入，故不属于收入。（ ）

二、单项选择题（下列各题只有一个正确答案，请将正确答案填在括号内）

1.下列各项应作为企业收入确认的是（ ）。

A.出租固定资产取得的租金　　B.接受捐赠取得的现金

C.出售无形资产取得的净收益　　D.股权投资取得的现金股利

2.下列各项关于收入的表述不正确的是（ ）。

A.收入是企业日常经营活动中形成的　　B.只要使所有者权益增加就属于收入

C.非日常经济利益的增加不属于收入　　D.签有合同是收入确认的前提条件

3.下列各项关于收入的说法不正确的是（ ）。

A.收入是企业日常活动形成的经济利益总流入

B.收入会导致企业所有者权益增加

C.收入与所有者投入资本有关

D.收入形成的经济利益总流入，既可能表现为资产增加，也可能表现为负债减少

4.下列各项关于收入确认的表述不正确的是（　　）。

A.按照企业从事日常活动的性质不同，收入可分为主营业务收入和其他业务收入

B.收入的确认除了应当符合收入的定义外，还应当满足收入的确认条件

C.收入只包括本企业经济利益流入，不包括为第三方或客户代收的款项

D.收入和利得的区别在于其是否形成于日常经营活动中

5.下列各项中，应确认为其他业务收入的是（　　）。

A.银行存款利息收入　　B.工业企业销售剩余材料收入

C.接受现金捐赠利得　　D.现金股利收入

三、多项选择题（下列各题至少有两个正确答案，请将正确答案填在括号内）

1.下列各项属于工业企业收入的有（　　）。

A.债券投资的利息收入　　B.出租无形资产的租金收入

C.销售产品取得的收入　　D.出售无形资产取得的净收益

2.下列各项中，不考虑其他因素，符合会计要素“收入”定义的有（　　）。

A.工业企业销售材料取得的收入　　B.4S店销售小汽车的收入

C.商贸企业销售商品电脑的收入　　D.无法查明原因的现金溢余

3.下列各项不能作为企业收入核算的有（　　）。

A.出售固定资产实现的净收益　　B.出售无形资产实现的净收益

C.接受的现金捐赠　　D.出售投资性房地产取得的价款

4.下列各项关于收入的表述正确的有（　　）。

A.收入是企业在日常活动中形成的

B.按企业从事日常活动的性质不同，收入可分为主营业务收入和其他业务收入

C.其他业务收入是指企业为完成其经营目标所从事的与经常性活动相关的活动实现的收入

D.主营业务收入是指企业为完成其经营目标所从事的经常性活动实现的收入

技能点4-1　销售商品收入核算

一、判断题（下列各题正确的在括号内打“√”，错误的打“×”）

1.企业销售商品时，价款收回可能性不大的，即使收入确认的其他条件能满足也不应确认收入。（　　）

2.企业只要将商品所有权上的主要风险和报酬转移给了购货方，并且商品已经发出，就可以确认收入。（　　）

3.销售商品相关已发生或将发生的成本不能合理估计的，企业应在收到货款时确认收入。（　　）

4.企业在商品售出后仍然能够对已售出的商品实施有效控制，也应确认商品销售收入。（　　）

5.企业销售商品已确认收入但货款尚未收到，在资产负债表日得知客户资金周转困难无法收回货款，此时企业应作冲减已确认商品销售收入处理。（ ）

6.发出商品不符合收入确认条件，但如果纳税义务已经发生，企业应当确认应交增值税销项税额，借记“应收账款”账户，贷记“应交税费——应交增值税（销项税额）”账户。（ ）

7.企业在销售商品时若提供了商业折扣，在确认收入时应将商业折扣扣除。（ ）

8.尚未确认销售收入的售出商品发生销售退回的，销售方不需要作任何账务处理。（ ）

9.企业已确认销售收入的售出商品发生销售折让，且不属于资产负债表日后事项的，应在发生时冲减销售收入。（ ）

10.企业在销售收入确认之后发生的销售折让和销售退回，应在实际发生时冲减发生当期的收入，但可不冲减销售成本。（ ）

11.采用预收款方式销售商品的，销售方应该在预收货款时确认收入。（ ）

12.企业采用支付手续费方式委托代销商品的，应将支付的手续费计入其他业务成本。（ ）

13.在支付手续费委托代销商品方式下，委托方在发出商品时，商品所有权上的主要风险和报酬转移给了受托方，委托方在发出商品时应确认销售商品收入。（ ）

14.企业随同商品出售但不单独计价的包装物，其收入应记入“其他业务收入”账户。（ ）

二、单项选择题（下列各题只有一个正确答案，请将正确答案填在括号内）

1.下列各项关于商品销售收入确认的表述错误的是（ ）。

A.相关成本不能可靠计量的，不确认收入

B.不满足商品销售收入确认的全部条件，但纳税义务已经发生，相应的收入应予以确认

C.同一笔销售业务的收入和成本应在同一会计期间确认

D.销售折让发生在确认销售收入之前的，应按扣除销售折让后的金额确认收入

2.下列各项关于收入确认条件的表述不正确的是（ ）。

A.商品所有权上的主要风险和报酬已经转移给购货方

B.销售方没有保留与商品所有权有关的继续管理权

C.取得的收入能够可靠计量

D.货款已收，但相关商品成本不能可靠计量

3.下列各项关于收入确认的表述不正确的是（ ）。

A.采用预收货款方式销售商品的，应在收到货款时确认收入

B.采用托收承付方式销售商品的，应在办妥托收手续时确认收入

C.采用交款提货方式销售商品的，应在开出发票收到货款时确认收入

D.采用支付手续费方式委托代销商品的，应在收到受托方开来的代销清单时确认收入

4.甲公司销售商品一批，商品销售价款2 000元，商业折扣10%，增值税税率

13%，现金折扣条件“2/10，1/20，n/30”。甲公司销售商品时为对方代垫运费150元(不考虑运费的增值税抵扣问题)，则应收账款的入账金额为（　　）元。

A.2 260　　B.2 184　　C.2 410　　D.2 320

5.某企业产品每件售价230元，若客户购买达到100件及以上，可获得20元/件的商业折扣。某客户2019年12月10日购买该企业产品200件，则该企业因此项销售应确认的收入为（　　）元。

A.40 000　　B.45 000　　C.46 000　　D.42 000

6.某企业某月销售商品发生商业折扣20万元，现金折扣15万元，销售折让25万元。该企业上述业务对当月主营业务收入的影响表述正确的是（　　）。

A.冲减主营业务收入15万元　　B.冲减主营业务收入25万元

C.冲减主营业务收入35万元　　D.冲减主营业务收入45万元

7.甲企业2019年1月销售商品一批并已确认收入，2019年4月份发生销售退回，其冲减的销售收入应在退回当期记入（　　）账户的借方。

A.“营业外收入”　　B.“营业外支出”

C.“利润分配”　　D.“主营业务收入”

8.下列各项中，在确认销售收入时不影响应收账款入账金额的是（　　）。

A.销售价款　　B.增值税销项税额

C.现金折扣　　D.销售商品代垫运杂费

9.2019年9月1日，甲公司赊销给乙公司一批商品，售价10 000元，增值税1 300元，约定现金折扣条件“3/10，2/20，n/30”。2019年9月16日，甲公司收到乙公司支付的款项，假定计算现金折扣不考虑增值税因素，甲公司实际收到的金额是（　　）元。

A.11 466　　B.11 100　　C.11 500　　D.11 300

10.甲公司为增值税一般纳税人，适用增值税税率13%。2019年9月3日，甲公司向乙公司销售商品600件，每件不含增值税价格为3 000元，实际成本为2 500元，约定甲公司给予乙公司10%的商业折扣，当日商品发出，符合收入确认条件。9月18日，甲公司收到货款。若不考虑其他因素，甲公司应确认的商品销售收入金额为（　　）元。

A.1 895 400　　B.1 500 000　　C.1 800 000　　D.1 620 000

11.下列各项不影响主营业务收入确认金额的是（　　）。

A.销售商品发生的销售折让　　B.销售商品发生的现金折扣

C.销售商品发生的销售退回　　D.销售商品数量

12.销售折让是企业因出售商品质量不合格等原因而在售价上给予的减让，应在实际发生时（　　）。

A.增加销售收入　　B.冲减销售收入

C.增加财务费用　　D.冲减销售成本

13.企业销售商品确认收入后，对于客户实际享受的现金折扣，应当（　　）。

A.作当期财务费用确认　　B.冲减当期主营业务收入

C.作当期管理费用确认　　D.作当期主营业务成本确认

14. 企业2019年5月售出的已确认销售收入的产品，2019年8月被退回，其冲减的销售收入应在退回当期记入（　　）账户的借方。

A. “以前年度损益调整”　　B. “待处理财产损溢”

C. “本年利润”　　D. “主营业务收入”

15.2019年9月10日，某企业与客户签订销售合同并预收货款55 000元。9月20日，商品发出，增值税专用发票上注明金额50 000元、税额6 500元。当月发出商品的同时收到货款，该企业应确认的商品销售收入为（　　）元。

A.50 000　　B.6 500　　C.56 500　　D.55 000

16. 甲公司采用预收款方式销售一批服装，下列处理正确的是（　　）。

A. 发出商品时确认收入　　B. 收到对方支付凭证时确认收入

C. 按照销售合同规定的日期确认收入　　D. 收到第一笔货款时确认收入

17. 采用支付手续费方式委托代销商品，委托方确认商品销售收入的时间是（　　）。

A. 签订代销协议时　　B. 发出商品时

C. 收到代销清单时　　D. 收到代销款时

18. 采用支付手续费方式委托代销商品，委托方在收到代销清单后应按（　　）确认收入。

A. 销售价款和增值税之和　　B. 商品的进价

C. 销售价款和手续费总额　　D. 商品售价

19. 甲公司本年度委托乙商店代销一批零配件，代销商品不含增值税价款300万元。本年度收到乙商店交来的代销清单，代销清单列明已销售代销零配件的70%，甲公司收到代销清单时向乙商店开具增值税专用发票。乙商店按代销价款的5%收取手续费。该批零配件的实际成本为180万元。则甲公司本年度因此项业务应确认的销售收入为（　　）万元。

A.300　　B.180　　C.210　　D.120

20. 企业对于已经发出但是尚未确认销售收入的商品，应借记的账户是（　　）。

A. “应收账款”　　B. “主营业务成本”

C. “发出商品”　　D. “其他业务成本”

三、多项选择题（下列各题至少有两个正确答案，请将正确答案填在括号内）

1. 确认商品销售收入时所指的“商品所有权上的主要风险和报酬”包括（　　）。

A. 商品可能发生的减值风险　　B. 商品可能发生的毁损风险

C. 商品增值或使用形成的经济利益　　D. 商品由于质量问题而被退回的风险

2. 下列各项不属于商品所有权上的主要风险和报酬已转移给购买方的情形有（　　）。

A. 甲公司与乙公司签订一艘船舶定制合同，价值5 000万元，检验工作是合同的重要组成部分。甲公司已按时完成该船舶的建造，但尚未通过乙公司检验

B. 甲公司向乙公司销售某产品，甲公司承诺，如果售出商品在2个月内出现质量问题，客户可以要求退货。由于该产品是新产品，甲公司无法可靠估计退货比例

C. 甲公司销售一批货物给乙公司，为保证到期收回货款，甲公司暂时保留该货物的法定所有权

D.甲公司向乙公司销售一批商品，并约定于6个月后按协议价格（不是回购时的公允价值）将所售商品租回

3.下列各项关于收入确认的表述正确的有（　　）。

A.销售折让发生在收入确认之前的，销售收入应按扣除销售折让后的金额确认

B.已确认收入的商品发生销售退回，除属于资产负债表日后事项外，一般应在发生时冲减当期销售收入

C.采用预收款方式销售商品，应在款项全部收妥并发出商品时确认收入

D.采用托收承付方式销售商品，应在发出商品时确认收入

4.下列各项中，不满足收入确认条件的有（　　）。

A.售后回租

B.购货方出现了严重的经济危机，货物已经发出

C.已经预收了货款但尚未发出货物

D.与商品交易相关的经济利益很可能流入企业

5.2019年5月2日，甲公司向乙公司销售一批商品，开出的增值税专用发票上注明金额300 000元、税额39 000元。甲公司已收到乙公司支付的货款339 000元，并将提货单送交乙公司。该批商品成本为240 000元。甲公司下列处理正确的有（　　）。

A.5月2日，确认收入，编制会计分录：

借：银行存款	339 000	
贷：主营业务收入		300 000
应交税费——应交增值税（销项税额）		39 000

B.同时，结转销售成本，编制会计分录：

借：主营业务成本	240 000	
贷：库存商品		240 000

C.虽然甲公司已将提货单交给乙公司，若乙公司未提货，则甲公司不应确认收入

D.商品销售成本必须与销售收入在同一天确认才符合信息质量可比性原则的要求

6.甲公司向乙公司销售商品一批，开出的增值税专用发票上注明金额400 000元、税额52 000元。甲公司收到乙公司开出的不带息银行承兑汇票一张，票面金额452 000元，期限2个月。该批商品已经发出，甲公司以银行存款代垫运杂费2 000元；该批商品成本为320 000元。下列账务处理正确的有（　　）。

A.甲公司确认收入的会计分录为：

借：应收票据	452 000	
应收账款	2 000	
贷：主营业务收入		400 000
应交税费——应交增值税（销项税额）		52 000
银行存款		2 000

B.甲公司确认收入的会计分录为：

借：应收票据	452 000	
应收账款	2 000	

贷：主营业务收入		452 000
银行存款		2 000

C.若乙公司为增值税一般纳税人，购入货物作库存商品，则编制会计分录：

借：库存商品	402 000	
应交税费——应交增值税（进项税额）	52 000	
贷：应付票据		452 000
应付账款		2 000

D.若乙公司为小规模纳税人，购入货物作库存商品，则编制会计分录：

借：库存商品	454 000	
贷：应付票据		452 000
应付账款		2 000

7.下列关于商业折扣的处理不正确的有（　　）。

A.销售企业应当将实际发生的商业折扣计入销售费用

B.销售企业应当按照扣除商业折扣后的金额确认销售商品收入

C.购买企业应按扣除商业折扣后的含税价款计入应付账款

D.购买企业应当将享受的商业折扣冲减财务费用

8.下列各项关于现金折扣账务处理的表述正确的有（　　）。

A.销售企业在确认销售收入时将现金折扣抵减收入

B.销售企业在取得价款时将实际发生的现金折扣计入财务费用

C.购买企业在购入商品时将现金折扣直接抵减应确认的应付账款

D.购买企业在偿付应付账款时将实际发生的现金折扣冲减财务费用

9.下列各项关于商业折扣、现金折扣和销售折让的说法正确的有（　　）。

A.商业折扣是为了促销商品而给予的价格扣除，因而不影响收入的确认

B.现金折扣是为了鼓励债务人尽快还款而给予的优惠政策

C.现金折扣一律按照不含税价格计算折扣金额

D.销售折让如发生在确认收入之前，则直接按照扣除折让后的金额确认收入

10.下列有关销售商品收入的处理不正确的有（　　）。

A.企业发生销售退回，不需考虑已经确认的现金折扣金额

B.当期售出并已确认销售收入的商品被退回（非资产负债表日后事项），直接冲减退回当期的收入、成本

C.当期已发出但尚未确认销售收入的商品发生销售退回（非资产负债表日后事项），应冲减退回当期的营业成本和库存商品

D.当期售出并已确认销售收入的商品发生销售折让，应直接将发生的销售折让作当期销售费用处理

11.甲企业2019年10月售出产品一批，并已确认收入，2019年12月该批产品由于质量问题被退回，其相关处理不会涉及的账户有（　　）。

A.“库存商品”　　　　B.“营业外支出”

C.“利润分配”　　　　D.“主营业务收入”

12.关于采用支付手续费方式委托代销商品的账务处理表述正确的有（　　）。

A.委托方在收到受托方开出的代销清单时确认销售商品收入

B.委托方发出商品时应按约定的售价借记“委托代销商品”账户

C.受托方应在代销商品销售后按照双方约定的手续费确认收入

D.受托方一般应按其与委托方约定的售价总额确认受托代销商品款

13. 下列关于采用支付手续费委托代销商品的处理正确的有（　　）。

A.受托方在售出受托代销商品时，按售价确认收入

B.委托方应将支付的代销手续费计入销售费用

C.委托方应在发出商品时确认收入

D.受托方应在代销的商品销售后确认劳务收入

四、不定项选择题

甲公司为增值税一般纳税人，主营业务为经销M产品，适用增值税税率13%。该公司对库存商品按实际成本法核算，并在销售商品的同时结转销售成本。2019年该公司发生如下相关经济业务（M产品的销售价格均不包括增值税）：

（1）2月1日，收到乙公司预付货款1 100万元。2月2日，向乙公司发出M产品，按产品价目表上的标价计算的总价款为1 000万元，由于是成批销售，甲公司给予乙公司10%的商业折扣，当日开出增值税专用发票。该业务符合收入确认条件，该批产品总成本为800万元。

（2）6月1日，向丙公司赊销M产品一批，合同约定的现金折扣条件为“2/10，1/20，n/30”（计算现金折扣时不考虑增值税），开出的增值税专用发票上注明金额1 000万元、税额130万元。该业务符合收入确认条件，甲公司于6月8日收到丙公司支付的货款，该批产品总成本为700万元。

（3）10月10日，向丁公司赊销M产品一批，开出的增值税专用发票上注明金额2 000万元、税额260万元，款项尚未收到，该批产品总成本为1 500万元。由于丁公司财务状况不稳定，收回款项存在较大的不确定性，该业务不符合收入确认条件。

（4）11月15日，丁公司发现上述产品存在质量问题，要求给予10%的销售折让，甲公司同意后开出红字增值税专用发票。丁公司承诺近期付款，收入确认条件已经满足。

要求：根据上述资料，不考虑其他因素，分析回答下列（1）至（5）小题。

（1）根据业务（1），甲公司向乙公司销售产品的账务处理（单位：万元）正确的是（　　）。

A.2月1日，收到预付款时：

借：银行存款	1 100	
贷：预收账款		1 100

B.2月2日，发出商品时：

借：预收账款	1 130	
贷：主营业务收入		1 000
应交税费——应交增值税（销项税额）		130

C.2月2日，甲公司发出商品时确认收入：

借：预收账款　　1 017

　　贷：主营业务收入　　900

　　　　应交税费——应交增值税（销项税额）　　117

D.2月2日，发出商品时结转成本：

借：主营业务成本　　800

　　贷：库存商品　　800

（2）根据业务（2），甲公司向丙公司赊销产品的相关账户账务处理结果正确的是（　　）。

A.6月1日，贷记“主营业务收入”账户1 000万元

B.6月1日，借记“应收账款”账户1 130万元

C.6月8日，借记“财务费用”账户20万元

D.6月8日，借记“银行存款”账户1 110万元

（3）根据业务（3），甲公司向丁公司赊销产品相关账户账务处理正确的是（　　）。

A.借记“发出商品”账户1 500万元

B.贷记“应交税费——应交增值税（销项税额）”账户260万元

C.借记“主营业务成本”账户1 500万元

D.借记“应收账款”账户260万元

（4）根据业务（4），甲公司同意给予销售折让并确认收入的账务处理正确的是（　　）。

A.贷记“主营业务收入”账户2 000万元

B.贷记“发出商品”账户1 500万元

C.借记“库存商品”账户1 500万元

D.借记“主营业务成本”账户1 500万元

（5）根据业务（1）至业务（4），甲公司2019年销售M产品在“利润表”相关项目中列示正确的是（　　）。

A.营业收入3 680万元　　B.营业收入3 700万元

C.营业成本3 020万元　　D.营业成本3 000万元

技能点4-2 提供劳务收入核算

一、判断题（下列各题正确的在括号内打“√”，错误的打“×”）

1.对于持续一段时间但在同一会计期间内开始并完成的劳务，企业应在为提供劳务发生相关支出时确认劳务成本，劳务完成时再确认提供劳务收入，并结转相关劳务成本。（　　）

2.企业劳务的开始和完成分属于不同会计期间，且在资产负债表日提供劳务交易结果能够可靠估计的，应采用完工百分比法确认提供劳务收入。（　　）

3.资产负债表日，提供劳务交易结果不能可靠估计，且已经发生的劳务成本预计部分能够得到补偿的，应按能够得到补偿的劳务成本金额确认提供劳务收入，并结转已经

发生的劳务成本。（ ）

4.企业提供劳务时，如资产负债表日不能对交易的结果作出可靠估计，应按已经发生的劳务成本确认收入，并按相同金额结转成本。（ ）

5.已经发生的劳务成本预计全部不能得到补偿的，应将已经发生的成本计入主营业务成本或者其他业务成本，不确认提供劳务收入。（ ）

6.企业提供劳务交易结果不能可靠估计，已发生的劳务成本预计全部不能得到补偿，则不确认提供劳务收入。（ ）

7.企业出售不需用原材料取得的收入记入“主营业务收入”账户，结转成本记入“主营业务成本”账户。（ ）

8.艺术表演、招待宴会和其他特殊活动的收费，在相关活动发生时确认收入。（ ）

二、单项选择题（下列各题只有一个正确答案，请将正确答案填在括号内）

1.下列各项关于收入的表述不正确的是（ ）。

A.企业在商品销售后如果能够继续对其实施有效控制，则不应确认收入

B.企业采用交款提货方式销售商品，通常应在开出发票账单并收到货款时确认收入

C.企业在资产负债表日提供劳务交易结果能够可靠估计的，应采用完工百分比法确认提供劳务收入

D.企业销售商品相关的已发生或将发生的成本不能可靠计量，但收到价款的，应按照已收到的价款确认收入

2.下列各项关于在同一会计期间内开始并完成的劳务的表述不正确的是（ ）。

A.通常能在同一会计期间内开始并完成的劳务包括为期13个月的工程劳务

B.应在提供劳务交易完成时确认收入

C.提供劳务收入可能计入主营业务收入或其他业务收入

D.对于持续一段时间但在同一会计期间开始并完成的劳务，劳务支出应先通过“劳务成本”账户归集

3.作为收入确认的一种方法，完工百分比法主要适用于（ ）。

A.商品销售收入确认　　B.提供劳务收入确认

C.让渡资产使用权收入确认　　D.对外投资收益确认

4.2019年8月1日，甲公司与客户签订一项建筑劳务合同，预计2020年9月1日完工，合同总金额为1 000万元，预计总成本600万元。截至2019年12月31日，该公司实际发生成本150万元，预计还将发生450万元。假定该合同的结果能够可靠估计，按已经发生的成本占总成本的比例确定完工进度。2019年度对该项合同确认的收入为（ ）万元。

A.150　　B.450　　C.350　　D.250

5.甲企业2018年承接一项设备安装劳务，劳务合同总收入200万元。合同价款在签订合同时已收取，采用完工百分比法确认提供劳务收入。2018年实际发生成本100万元，预计还将发生成本80万元，2018年年末经过测量，该劳务累计完工程度为30%。2019年该劳务累计完工进度为60%。下列各项说法正确的是（ ）。

A.2018年利润增加60万元

B.2018年利润增加6万元

C.2019年应该结转的劳务成本为108万元

D.2019年应该结转的劳务成本为60万元

6.某企业于2018年11月接受一项安装工程劳务，预计安装期15个月，合同总收入200万元，合同预计总成本160万元。至2019年12月31日已预收180万元，余款在安装完成时收回，至2019年12月31日实际发生成本为150万元，预计还将发生成本10万元。2018年已确认收入15万元。假定该合同的结果能够可靠估计，按已经发生的成本占总成本的比例确定完工进度，则该企业2019年度确认的收入为（　　）万元。

A.150　　B.180　　C.172.5　　D.187.5

7.2019年7月1日，甲公司对外提供一项为期8个月的劳务，合同总收入465万元。2019年年末无法可靠地估计提供劳务交易结果。2019年发生的劳务成本为234万元，预计已发生的劳务成本全部不能得到补偿，则甲公司2019年该项业务应确认的收入为（　　）万元。

A.234　　B.465　　C.0　　D.-234

8.某项劳务的开始和完成分属于不同会计期间，且企业在资产负债表日提供劳务交易结果不能可靠估计。合同总收入200万元，预计总成本150万元，累计已发生成本120万元，预计能够收到的价款为125万元，则下列账务处理正确的是（　　）。

A.确认收入125万元，结转成本120万元

B.确认收入120万元，结转成本120万元

C.确认收入200万元，结转成本150万元

D.确认收入125万元，结转成本125万元

9.2019年6月1日，甲公司对外提供一项为期8个月的劳务，合同总收入300万元。2019年年底无法可靠估计交易结果。2019年发生的劳务成本为160万元，预计已发生的劳务成本能得到补偿的金额为150万元，则甲公司2019年该项业务应确认的收入为（　　）万元。

A.150　　B.160　　C.240　　D.170

10.甲公司于2019年1月1日将其所拥有的一项桥梁收费权出售给乙公司，一次性取得收入1 000万元，款项已收存银行。同时，双方协议约定，甲公司在未来10年内不提供任何后续服务，并于10年后收回收费权。对于该项业务，甲公司2019年应确认的收入为（　　）万元。

A.1 000　　B.0　　C.100　　D.500

三、多项选择题（下列各题至少有两个正确答案，请将正确答案填在括号内）

1.提供劳务交易的完工进度，可以选择的确定方法有（　　）。

A.由技术人员测量完工进度　　B.已经提供的劳务收入占总收入的比例

C.已经发生的成本占总成本的比例　　D.提供的劳务占应提供劳务总量的比例

2.计算提供劳务交易完工进度的方法有（　　）。

A.由专业测量师测量完工进度

B.预计能收回金额占估计总成本的比例

C.已提供劳务占应提供劳务总量的比例

D.已收到结算款占合同总收入的比例

3.企业跨期提供劳务的，期末可以按照完工百分比法确认收入的条件包括（　　）。

A.劳务总收入能够可靠地计量　　B.相关经济利益很可能流入企业

C.劳务的完工进度能够可靠地确定　　D.劳务总成本能够可靠地计量

4.下列各项关于劳务收入确认的表述正确的有（　　）。

A.在同一会计期间内开始并完成的劳务，应按完工百分比法确认收入

B.在资产负债表日，已发生的合同成本预计全部不能收回的，应将已发生的成本确认为当期损益，不确认收入

C.在提供劳务交易结果不能可靠估计的情况下，已经发生的劳务成本预计全部能够得到补偿的，应在资产负债表日按已经发生的劳务成本确认收入

D.劳务的开始和完成分属于不同会计期间，在提供劳务交易结果能够可靠估计的情况下，应在资产负债表日按完工百分比法确认收入

5.若企业在资产负债表日提供劳务交易结果不能可靠估计，则下列账务处理正确的有（　　）。

A.已经发生的劳务成本预计部分能够得到补偿的，应当按能够补偿的劳务成本金额确认收入，并结转已经发生的劳务成本

B.已经发生的劳务成本预计部分能够得到补偿的，应当按完工百分比法确认劳务收入，并结转发生的劳务成本

C.已经发生的劳务成本预计全部不能得到补偿的，应当将已经发生的劳务成本计入当期损益，不确认提供劳务收入

D.已经发生的劳务成本预计全部不能得到补偿的，应按已发生的劳务成本确认收入，并结转已经发生的劳务成本

6.企业提供的下列劳务应当在本年度全部确认收入或按完工百分比法确认收入的有（　　）。

A.本年度开始并完成的装修工程所取得的收入

B.年末未完工但提供劳务交易结果能够可靠估计的装修工程，按完工百分比法计算的收入

C.年末未完工但劳务交易结果不能可靠估计的装修工程，按完工百分比法计算的收入

D.年末已完工但已经发生的劳务成本全部不能得到补偿的装修工程，按合同规定计算的收入

7.下列各项不采用完工百分比法确认收入的有（　　）。

A.分期收款销售商品

B.委托代销商品

C.在同一会计期间内开始并完成的劳务

D.跨会计期间才能完成且在资产负债表日交易结果能够可靠估计的劳务

8. 下列各项关于特殊劳务收入确认的说法正确的有（　　）。

A. 若安装工作是商品销售附带条件，安装费应在商品销售实现时确认收入

B. 长期为客户提供重复劳务收取的劳务费，应在相关劳务活动发生时确认收入

C. 申请入会费和会员费只允许取得会籍，所有其他服务或商品都要另行收费的，应在款项收回不存在重大不确定性时确认收入

D. 提供初始及后续服务的特许权使用费，应在提供服务时确认收入

四、不定项选择题

甲企业为增值税一般纳税人，适用增值税税率13%，销售商品和提供劳务均为主营业务。发出商品成本按月末一次加权平均法计算，原材料采用计划成本法核算。2019年12月该企业发生如下经济业务：

（1）1日，库存商品结存数量1 000件，单位生产成本21元；本月生产完工验收入库商品2 000件，单位生产成本24元；本月发出商品2 800件，其中2 000件符合收入确认条件已确认收入，其余部分未满足收入确认条件。

（2）15日，将仓库积压的一批原材料出售，开具的增值税专用发票上注明金额20 000元、税额2 600元，款项已收存银行。该批原材料的计划成本为18 000元，材料成本差异率为-2%。

（3）20日，将自产空气净化器作为福利发放给专设销售机构的30名员工，每人1台，每台不含税市场售价为15 000元，生产成本为10 000元。

（4）31日，确认提供劳务收入：本月月初与乙企业签订一项安装工程合同，合同总价款为160 000元，合同签订时预收劳务款50 000元，至月末累计发生劳务支出60 000元，工程尚未完工，预计至完工还需要发生劳务支出40 000元。当年年末乙企业发生财务困难，余款能否收回难以确定（假定不考虑增值税）。

要求：根据上述资料，不考虑其他因素，分析回答下列（1）至（5）小题。

（1）根据业务（1），甲企业账务处理结果正确的是（　　）。

A. 月末结转的商品销售成本为64 400元

B. 月末结转的商品销售成本为46 000元

C. 本月发出商品的单位成本为23元

D. 本月发出商品的单位成本为21元

（2）根据业务（2），甲企业应结转的原材料实际成本为（　　）元。

A. 18 000　　B. 17 640　　C. 18 360　　D. 20 000

（3）根据业务（3），甲企业账务处理正确的是（　　）。

A. 确认自产空气净化器作为福利时：

借：销售费用	508 500	
贷：应付职工薪酬——非货币性福利		508 500

B. 发放自产空气净化器时：

借：应付职工薪酬——非货币性福利	508 500	
贷：主营业务收入		450 000
应交税费——应交增值税（销项税额）		58 500

借：主营业务成本　　300 000
　　贷：库存商品　　300 000

C.确认自产空气净化器作为福利时：

借：销售费用　　358 500
　　贷：应付职工薪酬——非货币性福利　　358 500

D.发放自产空气净化器时：

借：应付职工薪酬——非货币性福利　　358 500
　　贷：库存商品　　300 000
　　　　应交税费——应交增值税（销项税额）　　58 500

（4）根据业务（4），甲企业安装工程业务的账务处理正确的是（　　）。

A.结转劳务成本60 000元　　B.确认劳务收入50 000元

C.确认劳务收入96 000元　　D.结转劳务成本31 250元

（5）根据业务（1）至业务（4），甲企业2019年12月当月利润表中“营业成本”项目的本期金额为（　　）元。

A.395 610　　B.423 640　　C.442 760　　D.442 040

技能点4-3 让渡资产使用权收入核算

一、判断题（下列各题正确的在括号内打“√”，错误的打“×”）

1.企业购入债券取得的利息收入属于让渡资产使用权收入。（　　）

2.企业让渡资产使用权，如果合同或协议规定一次性收取使用费，需要提供后续服务的，应当视同销售，该服务一次性确认收入。（　　）

3.让渡资产使用权收入的确认应该同时满足两个条件，即相关经济利益很可能流入企业，并且收入金额能够可靠计量。（　　）

4.企业应将让渡资产使用权取得的收入计入营业外收入。（　　）

5.让渡资产使用权一次性收取使用费且提供后续服务的，应分期确认收入。（　　）

6.如果合同或协议规定一次性收取使用费，且提供后续服务，应在合同或协议规定的有效期内分期确认收入。（　　）

二、单项选择题（下列各题只有一个正确答案，请将正确答案填在括号内）

1.甲公司于2019年8月向乙公司提供某专利使用权，合同约定的使用期为20年，一次性收取使用费50万元，且不提供后续服务，款项已收到。则甲公司2019年应确认的使用费收入为（　　）万元。

A.0　　B.50　　C.25　　D.1.5

2.下列各项不属于让渡资产使用权所取得的收入的是（　　）。

A.债券利息收入　　B.进行股权投资取得的现金股利

C.经营租出固定资产取得的租金　　D.出售固定资产取得的净收益

3.企业让渡资产使用权所计提的摊销额，一般应记入的账户是（　　）。

A.“营业外支出”　　B.“主营业务成本”

C.“其他业务成本”　　　　D.“管理费用”

三、多项选择题（下列各题至少有两个正确答案，请将正确答案填在括号内）

1. 让渡资产使用权收入的确认条件不包括（　　）。

A. 与交易相关的经济利益很可能流入企业

B. 收入金额能够可靠计量

C. 资产所有权上的主要风险已经转移

D. 没有继续对资产实施控制

2. 下列各项属于让渡资产使用权收入的有（　　）。

A. 进行股权投资而取得的现金股利

B. 出租包装物取得的租金收入

C. 进行债权投资收取的利息

D. 让渡无形资产使用权取得的使用费收入

3. 下列各项属于让渡资产使用权收入的有（　　）。

A. 材料销售收入　　　　B. 包装物销售收入

C. 出租固定资产取得的租金收入　　　　D. 利息收入

四、不定项选择题

甲公司为增值税一般纳税人，适用增值税税率13%，商品售价均不含增值税，销售商品和提供劳务均符合收入确认条件，其成本在确认收入时逐笔结转。2019年12月，甲公司发生如下经济业务：

（1）与乙公司签订为期3个月的劳务合同，合同总价款为300万元。至12月31日，已经预收合同款220万元，实际发生劳务成本140万元，估计为完成该合同还将发生劳务成本60万元，该公司按实际发生的成本占估计总成本的比例确定完工进度。

（2）3日，向丙公司转让一项专利的使用权，一次性收取使用费30万元，增值税1.8万元，款项存入银行，且不提供后续服务；该专利权本月应计提摊销15万元。让渡资产使用权收入适用增值税税率6%。

（3）8日，向丁公司销售商品一批，该批商品的价格为200万元（不含增值税），实际成本为160万元；由于成批销售，甲公司给予丁公司10%的商业折扣，并在销售合同中规定现金折扣条件为“2/10，1/20，n/ 30”。甲公司于当日发出商品，同时开具增值税专用发票，符合商品销售收入确认条件。甲公司当月25日收到丁公司支付的货款。计算现金折扣时考虑增值税。

（4）10日，因商品质量原因，甲公司对本年9月销售给客户的一批商品按售价给予5%的销售折让，该批商品原售价为200万元，增值税税额为26万元，实际成本为180万元，货款已结清。甲公司以银行存款退还折让款。

（5）20日，收到非关联方的捐赠10万元，并存入银行。

要求：根据上述资料，不考虑其他因素，分析回答下列（1）至（5）小题。

（1）根据业务（1），甲公司12月31日账务处理结果正确的是（　　）。

A. 确认营业收入220万元　　　　B. 确认营业收入210万元

C. 结转营业成本140万元　　　　D. 结转营业成本154万元

（2）根据业务（2），甲公司转让专利使用权的账务处理（单位：万元）正确的是（　　）。

A.收取使用费时：

借：银行存款　　31.8

　　贷：其他业务收入　　30

　　　　应交税费——应交增值税（销项税额）　　1.8

B.收取使用费时：

借：银行存款　　31.8

　　贷：营业外收入　　30

　　　　应交税费——应交增值税（销项税额）　　1.8

C.计提摊销额时：

借：其他业务成本　　15

　　贷：累计摊销　　15

D.计提摊销额时：

借：营业外支出　　15

　　贷：累计摊销　　15

（3）根据业务（3），甲公司账务处理结果正确的是（　　）。

A.8日，“主营业务收入”账户贷方登记200万元

B.8日，“主营业务收入”账户贷方登记180万元

C.25日，“财务费用”账户借方登记2.26万元

D.25日，“财务费用”账户借方登记2.034万元

（4）根据业务（4），下列关于甲公司账务处理的说法正确的是（　　）。

A.主营业务收入减少10万元　　B.增值税销项税额减少1.6万元

C.主营业务成本减少9万元　　D.发生销售折让不影响主营业务成本

（5）根据业务（1）至业务（5），甲公司本期应确认的营业收入金额为（　　）万元。

A.390　　B.400　　C.410　　D.420

任务二　费用核算

学习重点与难点

技能点4-4　费用核算

费用核算见表4-5。

表4-5 费用核算

<table>
<tr><th>项 目</th><th colspan="2">内 容</th></tr>
<tr><td>定义</td><td colspan="2">费用是指企业在日常活动中发生的、会导致所有者权益减少的、与向所有者分配利润无关的经济利益的总流出</td></tr>
<tr><td rowspan="2">组成</td><td>成本费用</td><td>主营业务成本、其他业务成本、税金及附加等</td></tr>
<tr><td>期间费用</td><td>期间费用是指企业在日常活动中发生的不能计入特定核算对象，而应计入发生当期损益的费用，包括销售费用、管理费用和财务费用</td></tr>
<tr><td>计量</td><td colspan="2">①与费用相关的经济利益很可能流出企业；
②经济利益流出企业的结果会导致资产的减少或者负债的增加；
③经济利益的流出额能够可靠计量</td></tr>
<tr><td rowspan="3">营业成本核算内容</td><td colspan="2">为生产产品、提供劳务等发生的可归属于产品成本、劳务成本等的费用</td></tr>
<tr><td>主营业务成本</td><td>核算内容：企业销售商品、提供劳务等经常性活动所发生的成本。
发生时：
借：主营业务成本
　　贷：库存商品或劳务成本等
期末结转：
借：本年利润
　　贷：主营业务成本</td></tr>
<tr><td>其他业务成本</td><td>核算内容：销售材料成本、出租固定资产的折旧额、出租无形资产的摊销额、出租包装物的成本或摊销额、成本模式下投资性房地产计提的折旧额或摊销额。
发生时：
借：其他业务成本
　　贷：原材料或累计折旧等
期末结转：
借：本年利润
　　贷：其他业务成本</td></tr>
<tr><td>税金及附加</td><td colspan="2">税金及附加是指企业经营活动发生的消费税、城市维护建设税、资源税、教育费附加及房产税、城镇土地使用税、车船税、印花税等相关税费。
发生时：
借：税金及附加
　　贷：应交税费/银行存款
期末结转：
借：本年利润
　　贷：税金及附加</td></tr>
</table>

续表

项目		内容
期间费用	管理费用	管理费用是指企业为组织和管理生产经营所发生的费用，包括企业在筹建期间发生的开办费、董事会和行政管理部门在企业的经营管理中发生的或者应由企业统一负担的公司经费（包括行政管理部门职工薪酬、物料消耗、低值易耗品摊销、办公费和差旅费等）、董事会费（包括董事会成员津贴、会议费和差旅费等）、聘请中介机构费、咨询费（含顾问费）、工会经费、诉讼费、业务招待费、技术转让费、研究费用、排污费，以及企业生产车间（部门）和行政管理部门发生的固定资产修理费等
	销售费用	销售费用是指企业在销售商品和材料、提供劳务过程中发生的各项费用，包括保险费、包装费、展览费和广告费、商品维修费、预计产品质量保证损失、运输费、装卸费等，以及为销售本企业商品而专设的销售机构（含销售网点、售后服务网点等）的职工薪酬、业务费、折旧费等经营费用。企业发生的与专设销售机构相关的固定资产修理费用等后续支出也归属于销售费用
	财务费用	财务费用是指企业为筹集生产经营所需资金等而发生的费用，包括利息支出（减利息收入）、汇兑损失（减汇兑收益），以及相关手续费、企业发生的现金折扣或享受的现金折扣等
	发生时： 借：管理费用/销售费用/财务费用 　　贷：银行存款等 期末结转： 借：本年利润 　　贷：管理费用/销售费用/财务费用	

职业判断能力训练

技能点4-4 费用核算

一、判断题（下列各题正确的在括号内打“√”，错误的打“×”）

1. 费用是企业在日常活动中发生、会导致企业负债增加、与向投资者分配利润无关的经济利益总流出。（　　）

2. 企业为生产产品、提供劳务等发生的可归属于产品成本、劳务成本等的费用属于营业成本。（　　）

3. 企业向所有者分配利润会导致企业经济利益流出，因此属于企业的费用。（　　）

4. 企业费用的增加会导致所有者权益减少，因此所有者权益减少一定会使费用增加。（　　）

5.企业专设销售机构的职工薪酬、固定资产折旧均应计入销售费用。（　　）

6.销售费用、管理费用和制造费用期末结转后均应无余额。（　　）

7.进口原材料应交的关税应列入利润表“税金及附加”项目。（　　）

8.处置无形资产应交的增值税应在“税金及附加”账户核算。（　　）

9.销售费用是指与企业销售活动有关的费用，包括销售商品本身的成本和劳务成本。（　　）

10.企业支付的违约金会导致企业经济利益流出企业，所以应作为企业的费用核算。（　　）

11.随同商品出售而不单独计价的包装物的成本应记入“其他业务成本”账户。（　　）

12.日常经营活动缴纳的印花税计入税金及附加，而非日常活动缴纳的印花税计入管理费用。（　　）

13.制造费用和管理费用都是本期发生的费用，因此均应计入当期损益。（　　）

二、单项选择题（下列各题只有一个正确答案，请将正确答案填在括号内）

1.下列各项不属于费用要素的特点是（　　）。

A.会导致所有者权益减少　　B.因企业日常活动形成

C.因企业非日常活动形成　　D.与向所有者分配利润无关

2.下列各项应计入产品成本的是（　　）。

A.固定资产报废净损失　　B.企业筹建期间发生的开办费

C.预计产品质量保证损失　　D.基本生产车间设备折旧费

3.甲公司2019年发生如下业务：出租生产设备一台，相关折旧20万元；销售剩余原材料成本150万元；将成本为80万元的自产产品对外捐赠；将成本为500万元的自产产品对外投资。则本年度的“营业成本”账户的金额为（　　）万元。

A.150　　B.730　　C.750　　D.670

4.企业发生的下列各项税费不应记入“税金及附加”账户的是（　　）。

A.自用房产缴纳的房产税　　B.出售固定资产缴纳的增值税

C.销售应税消费品缴纳的消费税　　D.销售商品缴纳的教育费附加

5.某企业为增值税一般纳税人，2019年各项应交税费如下：增值税600万元，消费税400万元，城市维护建设税70万元，教育费附加10万元，房产税20万元，所得税500万元。上述各项税费记入“税金及附加”账户的金额为（　　）万元。

A.80　　B.480　　C.500　　D.1100

6.某企业生产资源税应税产品用于销售，应交资源税借记的账户是（　　）。

A.“管理费用”　　B.“营业外支出”

C.“税金及附加”　　D.“生产成本”

7.2019年10月，某企业销售应税消费品确认应交增值税20万元、消费税30万元、应交城市维护建设税3.5万元。不考虑其他因素，该企业2019年10月利润表“税金及附加”项目本期金额为（　　）万元。

A.53.5　　B.23.5　　C.50　　D.33.5

8.下列各项不应计入管理费用的是（　　）。

A.董事会费　　B.工会经费

C.诉讼费　　D.销售商品发生的装卸费

9.下列各项应列入利润表“管理费用”项目的是（　　）。

A.计提的应收款项减值准备　　B.出租厂房的摊销额

C.支付中介机构的咨询费　　D.转让专利技术所有权发生的净损失

10.下列关于管理费用的账务处理表述不正确的是（　　）。

A.无法查明原因的现金短缺应计入管理费用

B.转销确实无法支付的应付账款应冲减管理费用

C.行政管理部门负担的工会经费应计入管理费用

D.企业在筹建期间发生的开办费应计入管理费用

11.下列各项不能计入销售费用的是（　　）。

A.为推广产品发生的广告费　　B.销售商品发生的现金折扣

C.售后服务网点职工的工资　　D.专设销售机构固定资产修理费用

12.甲企业某月销售商品发生商业折扣20万元、现金折扣15万元、销售折让25万元。该企业上述业务计入当月财务费用的金额为（　　）万元。

A.15　　B.20　　C.35　　D.45

13.下列各项利息不应计入财务费用的是（　　）。

A.长期借款在筹建期间的利息

B.带息应付票据的应计利息

C.长期借款在生产经营期间不符合资本化条件的利息

D.带息应收票据的应计利息

14.下列各项应计入期间费用的是（　　）。

A.车间管理用固定资产的折旧费　　B.预计产品质量保证损失

C.车间管理人员工资费用　　D.销售商品发生的商业折扣

15.下列各项不属于企业期间费用的是（　　）。

A.固定资产维修费　　B.聘请中介机构费

C.生产用固定资产折旧　　D.企业发生的现金折扣

16.下列各项关于成本费用和期间费用的说法错误的是（　　）。

A.成本费用包括主营业务成本、其他业务成本、税金及附加等

B.期间费用是指企业日常活动发生的不能计入特定核算对象的成本

C.期间费用包括销售费用、制造费用和财务费用

D.费用是指企业在日常活动中发生的、会导致所有者权益减少的、与向所有者分配利润无关的经济利益总流出

三、多项选择题（下列各题至少有两个正确答案，请将正确答案填在括号内）

1.关于费用的特点，下列说法正确的有（　　）。

A.费用是企业在日常活动中发生的经济利益总流出

B.费用会导致所有者权益的减少

C.费用与向所有者分配利润无关

D.成本费用包括主营业务成本、其他业务成本和管理费用

2.下列各项应列入利润表“营业成本”项目的有（　　）。

A.出租非专利技术的摊销额　　B.转让无形资产所有权的成本

C.经营出租设备计提的折旧额　　D.销售材料的成本

3.下列各项不属于其他业务成本核算范围的有（　　）。

A.出租无形资产成本摊销　　B.处置投资性房地产结转的成本

C.出租写字楼应缴纳的增值税　　D.生产用固定资产修理费

4.下列各项应计入工业企业其他业务成本的有（　　）。

A.生产车间领用低值易耗品的摊销额

B.采用成本模式计量的投资性房地产计提的折旧

C.结转销售原材料的成本

D.以经营租赁方式出租的大型设备计提的折旧

5.下列各项应计入营业成本的有（　　）。

A.出借包装物成本摊销

B.随同商品出售且不单独计价的包装物成本

C.出租包装物成本摊销

D.提供劳务收入结转劳务成本

6.下列各项应计入销售费用的有（　　）。

A.销售商品发生的售后服务费

B.委托代销商品支付的手续费

C.结转的随商品出售且单独计价的包装物成本

D.预计的产品质量保证损失

7.下列各项应计入销售费用的有（　　）。

A.销售商品发生的维修费　　B.广告费

C.展览费支出　　D.销售商品发生的运输费

8.下列关于管理费用的账务处理表述正确的有（　　）。

A.无法查明原因的现金短缺应计入管理费用

B.转销确实无法支付的应付账款应冲减管理费用

C.行政管理部门负担的工会经费应计入管理费用

D.企业在筹建期间发生的开办费应计入管理费用

9.下列各项不应计入管理费用的有（　　）。

A.总部办公楼折旧　　B.生产设备改良支出

C.经营出租专用设备的修理费　　D.专设销售机构房屋的修理费

10.下列各项最终应计入管理费用的有（　　）。

A.车间管理人员的薪酬　　B.无形资产研究阶段支出

C.行政管理部门耗用原材料的成本　　D.计提的坏账准备

11.下列各项不应该确认为财务费用的有（　　）。

A.企业筹建期间发生的借款费用　　B.应予资本化的借款利息支出

C.销售商品发生的商业折扣　　D.财务人员的工资

12.下列各项应计入财务费用的有（　　）。

A.银行承兑汇票手续费　　B.购买交易性金融资产手续费

C.外币应收账款汇兑损失　　D.商业汇票贴现息

13.下列各项属于期间费用的有（　　）。

A.制造费用　　B.管理费用　　C.财务费用　　D.销售费用

14.职工工资可能记入的账户有（　　）。

A.“制造费用”　　B.“销售费用”

C.“财务费用”　　D.“管理费用”

项目五　利润核算

任务一　营业外收支核算

学习重点与难点

知识点 5-1　营业外收支核算

营业外收支是指企业发生的与日常活动无直接关系的各项收支，包括营业外收入和营业外支出。营业外收入与营业外支出之间没有必然的对应关系。营业外收支核算见表5-1。

表 5-1　营业外收支核算

项　目	营业外收入		营业外支出	
定义	营业外收入是指企业发生的与日常活动无直接关系、直接计入当期损益的各项利得		营业外支出是指企业发生的与日常活动无直接关系、直接计入当期损益的各项损失	
核算内容	非流动资产报废毁损净收益		非流动资产报废毁损净损失	
	库存现金盘盈利得（主要指库存现金溢余无法查明原因部分）		盘亏损失	
	捐赠利得		公益性捐赠支出	
	非货币性资产交换利得		非货币性资产交换损失	
	债务重组利得		债务重组损失	
	确实无法支付的应付账款		罚款支出	
			非常损失	
账户设置	“营业外收入”		“营业外支出”	
账务处理	库存现金盘盈利得	借：待处理财产损溢 　　贷：营业外收入	固定资产盘亏损失	借：营业外支出 　　贷：待处理财产损溢
	捐赠利得	借：相关账户 　　贷：营业外收入	罚款支出	借：营业外支出 　　贷：银行存款等
	期末结转	借：营业外收入 　　贷：本年利润	期末结转	借：本年利润 　　贷：营业外支出

职业判断能力训练

技能点5-1 营业外收支核算

一、判断题（下列各题正确的在括号内打“√”，错误的打“×”）

1.企业获得的捐赠利得记入“营业外收入”账户，从而影响利润总额。（　）

2.企业发生的各项利得或损失均应计入当期损益。（　）

3.固定资产盘盈报经批准后，应记入“营业外收入”账户。（　）

4.存货清查盘点时发生盘盈，报经批准应记入“营业外收入”账户。（　）

5.非流动资产出售损失、公益性捐赠支出、出租包装物成本、行政性罚款支出等均应记入“营业外支出”账户。（　）

二、单项选择题（下列各题只有一个正确答案，请将正确答案填在括号内）

1.根据企业会计准则规定，下列各项不应确认为收入的是（　）。

A.出售原材料取得的收入　　B.出租设备的租金收入

C.违约金收入　　D.销售商品收取的不含税价款

2.下列各项应记入“营业外收入”账户的是（　）。

A.企业无法支付的应付账款

B.企业到期无力支付的商业承兑汇票

C.投资者投入资本超出其在注册资本中所占份额的部分

D.购买商品享受的现金折扣

3.下列各项会影响企业当期营业外收入的是（　）。

A.固定资产盘盈利得　　B.国债利息收入

C.无法查明原因的现金盘盈　　D.存货盘盈

4.下列各项中，报经批准后应记入“营业外支出”账户的是（　）。

A.结转售出材料的成本　　B.采购原材料运输途中发生的合理损耗

C.因管理不善导致的原材料盘亏　　D.自然灾害造成的原材料损失

5.下列各项应记入“营业外支出”账户的是（　）。

A.计量差错引起的原材料盘亏　　B.采购原材料运输途中发生的合理损耗

C.自然灾害造成的原材料损失　　D.人为责任造成的原材料损失

6.企业支付的税收滞纳金应记入的账户是（　）。

A.“管理费用”　　B.“财务费用”

C.“营业外支出”　　D.“其他业务成本”

7.下列各项应确认为营业外支出的是（　）。

A.公益性捐赠支出　　B.无形资产出售损失

C.固定资产出售损失　　D.固定资产减值损失

8.企业发生的违约金支出应记入的账户是（　　）。

A.“营业外支出”　　B.“销售费用”

C.“其他业务成本”　　D.“财务费用”

9.某公司因雷电造成损失共计250万元，其中流动资产100万元、非流动资产150万元，获得保险公司赔偿80万元，不考虑其他因素，计入营业外支出的金额为（　　）万元。

A.250　　B.170　　C.150　　D.100

三、多项选择题（下列各题至少有两个正确答案，请将正确答案填在括号内）

1.下列各项属于企业收入的有（　　）。

A.销售商品收入　　B.接受捐赠收入

C.投资者追加投资　　D.出租固定资产租金收入

2.下列各项应计入营业外收入的有（　　）。

A.债务重组利得　　B.接受捐赠利得

C.固定资产盘盈利得　　D.非货币性资产交换利得

3.下列各项应计入营业外收入的有（　　）。

A.盘盈存货净收益　　B.债权人豁免债务

C.收到的合同赔款　　D.固定资产盘盈

4.下列各项不属于营业外收入核算内容的有（　　）。

A.出售无形资产净收益　　B.固定资产盘盈

C.聘请中介机构费　　D.罚没收入

5.下列各项不影响企业营业外收入的有（　　）。

A.国债利息收入　　B.存货盘盈

C.无法查明原因的现金溢余　　D.处置债权投资的收益

6.下列各项应计入营业外支出的有（　　）。

A.出售交易性金融资产净损失　　B.罚款支出

C.出售无形资产净损失　　D.公益性捐赠支出

7.下列各项应计入营业外支出的有（　　）。

A.出售无形资产净损失　　B.火灾造成的存货毁损净损失

C.缴纳的税收滞纳金　　D.公益性捐赠支出

任务二 所得税费用核算

学习重点与难点

技能点 5-2 所得税费用核算

所得税费用核算方法有应付税款法和资产负债表债务法，我国企业会计准则规定应当采用资产负债表债务法。所得税费用核算见表5-2。

表 5-2 所得税费用核算

项 目	内 容		
资产负债表债务法核算程序	①计算资产、负债的账面价值 → ②计算资产、负债的计税基础 → ③确定暂时性差异 → ④计算递延所得税发生额 → ⑤确定递延所得税费用（或收益）→ ⑥计算当期应交所得税 → ⑦确认所得税费用总额		
资产与负债的计税基础	资产的计税基础是指该项资产在未来期间计税时按税法规定可以税前扣除的金额。 资产计税基础=资产未来期间计税时可税前扣除的金额		
	负债的计税基础是指负债的账面价值减去未来期间计算应纳税所得额时按税法规定可予税前扣除的金额。 负债计税基础=负债账面价值—未来期间按税法规定可税前扣除的金额		
暂时性差异	应纳税暂时性差异	定义	应纳税暂时性差异是指在确定未来收回资产或清偿负债期间的应纳税所得额时将产生应纳税金额的暂时性差异
		确认	应纳税暂时性差异应在产生当期确认为递延所得税负债
		情形	资产的账面价值＞资产的计税基础；负债的账面价值＜负债的计税基础
	可抵扣暂时性差异	定义	可抵扣暂时性差异是指在确定未来收回资产或清偿负债期间的应纳税所得额时将产生可抵扣金额的暂时性差异
		确认	可抵扣暂时性差异应在产生当期确认为递延所得税资产
		情形	资产的账面价值＜资产的计税基础；负债的账面价值＞负债的计税基础

续表

项　目	内　容		
递延所得税资产及递延所得税负债的确认和计量	递延所得税资产	确认	原则：可抵扣暂时性差异应以未来期间可能取得的应纳税所得额为限，确认递延所得税资产。 借：递延所得税资产 　　贷：所得税费用/其他综合收益/商誉
		计量	递延所得税资产=可抵扣暂时性差异×所得税税率 其中：所得税税率为差异转回期间的税率
	递延所得税负债	确认	原则：除企业会计准则明确规定可不确认的情形外，所有应纳税暂时性差异均应确认递延所得税负债。 借：所得税费用/其他综合收益/商誉 　　贷：递延所得税负债
		计量	递延所得税负债=应纳税暂时性差异×所得税税率 其中：所得税税率为差异转回期间的税率
所得税费用确认和计量	所得税费用		所得税费用＝当期所得税+递延所得税
	当期所得税		当期所得税＝当期应交所得税＝应纳税所得额×当期适用税率
	递延所得税		递延所得税＝（期末递延所得税负债－期初递延所得税负债）－（期末递延所得税资产－期初递延所得税资产）

职业判断能力训练

技能点5-2　所得税费用核算

一、判断题（下列各题正确的在括号内打“√”，错误的打“×”）

1.企业确认当期“应交税费——应交所得税”金额与“所得税费用”金额一致，与采用的所得税核算方法无关。（　　）

2.资产负债表债务法下，所得税费用等于当期所得税加上递延所得税资产本期发生额减去递延所得税负债本期发生额。（　　）

3.无论采用何种所得税核算方法，本期所得税费用与本期应交所得税一定相等。（　　）

4.负债产生的暂时性差异等于未来期间计税时按税法规定可予税前扣除的金额。（　　）

5.“递延所得税负债”账户核算企业应纳税暂时性差异产生的递延所得税负债。（　　）

6.资产负债表债务法下，“所得税费用”账户应设置“当期所得税费用”和“递延所得税费用”进行明细核算。（　　）

7.递延所得税负债应以相关应纳税暂时性差异转回期间适用的所得税税率计量。 （ ）

二、单项选择题（下列各题只有一个正确答案，请将正确答案填在括号内）

1.暂时性差异是指资产或负债的账面价值与（ ）之间的差额。

A.公允价值　　B.实际价值　　C.计税基础　　D.折余价值

2.下列各项中，计税基础与账面价值不相等的是（ ）。

A.企业为关联方提供债务担保确认预计负债100万元，税法规定该费用不允许税前扣除

B.企业当期确认应付工资支出200万元，税法规定可税前扣除的工资费用为120万元

C.企业因销售商品提供售后服务确认预计负债20万元，税法规定该费用应于实际发生时于税前扣除

D.企业确认预收账款300万元，税法规定收入确认时点与企业会计准则规定一致

3.甲企业2019年为开发新技术发生研究开发费用250万元，其中研究阶段支出50万元；开发阶段符合资本化条件前支出20万元，符合资本化条件后支出180万元。2019年12月1日该无形资产达到预定用途，该无形资产预计使用年限5年，采用直线法摊销。税法规定，企业为开发新技术、新产品、新工艺发生的研究开发费用，未形成无形资产计入当期损益的，在按规定据实扣除的基础上，按研究开发费用的75%加计扣除；形成无形资产的，按无形资产成本的175%摊销。假定税法规定使用年限、摊销方法与会计规定相同，该无形资产2019年年末计税基础为（ ）万元。

A.141　　B.252　　C.144　　D.211.5

4.甲企业“其他应付款”账户反映应付罚款100万元，其中90万元为行政性罚款，10万元为贷款逾期罚息。则“其他应付款”的计税基础为（ ）万元。

A.100　　B.90　　C.0　　D.10

5.某企业2019年应交所得税500万元；递延所得税资产年初余额250万元，年末余额300万元；递延所得税负债年初余额400万元，年末余额300万元。假定递延所得税发生额只影响所得税费用，该企业2019年应确认所得税费用金额（ ）万元。

A.500　　B.450　　C.350　　D.550

三、多项选择题（下列各题至少有两个正确答案，请将正确答案填在括号内）

1.根据暂时性差异对未来期间应纳税所得额影响性质不同，暂时性差异分为（ ）。

A.应纳税暂时性差异　　B.可抵扣暂时性差异

C.时间性差异　　D.永久性差异

2.下列各项会形成暂时性差异的有（ ）。

A.已计提减值准备的固定资产

B.使用寿命不确定的无形资产

C.已确认公允价值变动损益的交易性金融资产

D.因违反环保法规定而被罚处的应付未付的罚款

3.下列各项通常产生应纳税暂时性差异的有（ ）。

A.资产账面价值大于其计税基础

B.资产账面价值小于其计税基础

C.负债账面价值大于其计税基础

D.负债账面价值小于其计税基础

4.在“递延所得税资产”账户借方登记的有（　　）。

A.企业初始确认的递延所得税资产金额

B.递延所得税资产应有余额大于其账面余额的差额

C.递延所得税资产应有余额小于其账面余额的差额

D.企业按照税法规定计算确定的当期应交所得税金额

5.下列各项中，会影响利润表“所得税费用”项目金额的有（　　）。

A.当期应交所得税　　　　B.递延所得税费用

C.递延所得税收益　　　　D.应纳税所得额

6.甲公司为一家上市公司，2018年12月购入价值800万元的A设备，当月达到预定可使用状态。A设备预计使用年限5年，预计净残值50万元，会计上采用直线法计提折旧。计税时按税法规定采用双倍余额递减法计提折旧，折旧年限和净残值与会计规定相同。假设所得税税率为25%，则甲公司2019年度有关企业所得税的下列处理正确的有（　　）。

A.企业所得税核算必须采用资产负债表债务法

B.2019年12月31日A设备账面价值为650万元

C.2019年12月31日A设备计税基础为480万元

D.2019年12月31日确认递延所得税负债42.5万元

7.甲企业2019年度利润总额2 000万元，应纳税所得额1 900万元，“递延所得税资产”账户年初余额180万元、年末余额280万元，“递延所得税负债”账户年初余额100万元、年末余额290万元。假定甲企业适用所得税税率25%，则下列处理正确的有（　　）。

A.2019年应交所得税税额为475万元

B.2019年应确认递延所得税费用90万元

C.2019年列入利润表的所得税费用为565万元

D.应编制如下会计分录（单位：万元）：

借：所得税费用	565	
递延所得税资产	100	
贷：应交税费——应交所得税		475
递延所得税负债		190

四、不定项选择题

甲公司为增值税一般纳税人，适用增值税税率为13%。2019年12月1日各损益类账户累计发生额见表5-3。

表5-3　　2019年12月1日各损益类账户累计发生额　　单位：万元

账户名称	发生额合计
主营业务收入	2 500
主营业务成本	1 800
税金及附加	50
管理费用	150
销售费用	15
财务费用	20
资产减值损失	60
营业外收入	10
营业外支出	6

2019年12月发生如下经济业务：

（1）销售商品一批，该商品标价为520万元，给予对方商业折扣20万元，甲公司按扣除商业折扣后的金额开具增值税专用发票。该批商品成本为350万元，款项已收到。

（2）上年度销售的商品因质量问题于本月被退回（不属于资产负债表日后事项）。该退货符合合同要求，甲公司开具红字增值税专用发票注明金额100万元、税额13万元。该批商品成本65万元，当日已验收入库，退货款已用银行转账方式支付。

（3）收到捐款28万元。

（4）因合同纠纷向乙公司支付合同违约金10万元。

（5）债务重组收益25万元。

（6）期末甲公司持有交易性金融资产公允价值上升100万元。

（7）月末计提坏账准备120万元，计提存货跌价准备80万元。

（8）计算全年递延所得税资产发生额65万元，递延所得税负债发生额25万元。

其他资料：根据税法规定，企业计提的各项减值准备不得税前扣除、交易性金融资产公允价值变动损益不征收企业所得税。递延所得税资产和递延所得税负债月初均无余额，甲公司上年没有未弥补的亏损。甲公司按净利润的10%提取法定盈余公积。

要求：根据上述资料，不考虑其他因素，分析回答下列（1）至（7）小题。（计算结果保留小数点后两位，答案中的金额单位用万元表示）

（1）根据上述资料，下列说法中正确的是（　　）。

A.收到捐赠款不影响当期营业利润

B.与乙公司发生合同纠纷支付的违约金计入管理费用

C.期末持有交易性金融资产公允价值的上升额计入公允价值变动损益

D.债务重组收益计入营业外收入

（2）根据业务（1），甲公司的下列账务处理结果正确的是（　　）。

A.“主营业务收入”账户贷记520万元

B.“主营业务成本”账户借记350万元

C.“财务费用”账户借记20万元

D.“应交税费——应交增值税（销项税额）”账户贷记65万元

（3）根据业务（2），甲公司的下列账务处理正确的是（　　）。

A.借：主营业务收入　100

　　应交税费——应交增值税（销项税额）　13

　　贷：银行存款　113

B.借：以前年度损益调整　100

　　应交税费——应交增值税（销项税额）　13

　　贷：银行存款　113

C.借：库存商品　65

　　贷：以前年度损益调整　65

D.借：库存商品　65

　　贷：主营业务成本　65

（4）根据业务（7），甲公司的下列账务处理正确的是（　　）。

A.计提坏账准备时：

借：信用减值损失　120

　贷：坏账准备　120

B.计提坏账准备时：

借：资产减值损失　120

　贷：坏账准备　120

C.计提存货跌价准备时：

借：资产减值损失　80

　贷：存货跌价准备　80

D.计提存货跌价准备时：

借：信用减值损失　80

　贷：存货跌价准备　80

（5）根据期初资料、业务（1）至业务（8），甲公司当年利润表“营业利润”项目金额为（　　）万元。

A.420　　B.424　　C.455　　D.585

（6）下列关于甲公司所得税费用的账务处理正确的是（　　）。

A.借：所得税费用　116.75

　　递延所得税资产　65

　　贷：应交税费——应交所得税　156.75

　　　　递延所得税负债　25

B.借：所得税费用　156.75

　　贷：应交税费——应交所得税　156.75

C.借：所得税费用　116.75

　　贷：应交税费——应交所得税　116.75

D.借：所得税费用　156.75

借：递延所得税资产　　65

　　贷：应交税费——应交所得税　　196.75

　　　　递延所得税负债　　25

（7）甲公司当年实现的净利润为（　　）万元。

A.350.25　　B.325.35　　C.362.75　　D.375.75

任务三　利润核算

学习重点与难点

技能点 5-3　利润核算

利润核算见表 5-4。

表 5-4　利润核算

<table>
<tr><th>项　目</th><th colspan="3">内　容</th></tr>
<tr><td rowspan="4">利润构成</td><td colspan="3">总公式：利润=收入−费用+利得−损失</td></tr>
<tr><td rowspan="3">利润三个层次</td><td colspan="2">营业利润=营业收入−营业成本−税金及附加−销售费用−管理费用（含研究费用）−财务费用−资产减值损失−信用减值损失+公允价值变动收益（−公允价值变动损失）+投资收益（−投资损失）+资产处置收益（−资产处置损失）+其他收益</td></tr>
<tr><td colspan="2">利润总额=营业利润+营业外收入−营业外支出</td></tr>
<tr><td colspan="2">净利润=利润总额−所得税费用</td></tr>
<tr><td rowspan="2">利润结转方法</td><td>表结法</td><td>各损益类账户每月月末只需结出本月发生额和月末累计余额，不需结转到“本年利润”账户，只有在年末时才将全年累计余额结转到“本年利润”账户</td><td rowspan="2">结转各费用类账户：
借：本年利润
　　贷：主营业务成本/其他业务成本等
结转各收益类账户：
借：主营业务收入/其他业务收入等
　　贷：本年利润
年度终了，结转“本年利润”账户：
借：本年利润
　　贷：利润分配——未分配利润
如为净损失，分录相反</td></tr>
<tr><td>账结法</td><td>每月月末均需将账上结出的各损益账户的余额结转入“本年利润”账户</td></tr>
</table>

职业判断能力训练

技能点5-3　利润核算

一、判断题（下列各题正确的在括号内打“√”，错误的打“×”）

1.利润是企业一定期间的经营成果，是收入与费用的差额以及利得与损失的差额之和，与收入和费用要素密切相关，与资产要素无直接的关系。（　　）

2.企业发生的利得与损失均应计入当期损益。（　　）

3.表结法下月末需要将损益类账户的余额转入“本年利润”账户，但不需要将“本年利润”账户转入“利润分配——未分配利润”账户。（　　）

4.年度终了“利润分配”各明细账户均无余额。（　　）

5.“本年利润”账户借方余额代表亏损，贷方余额代表盈利。（　　）

6.年末结账后“本年利润”账户一定没有余额。（　　）

7.企业无论用税前利润还是税后利润弥补以前年度亏损都不需要进行专门的账务处理。（　　）

8.账结法下，每月月末均需要编制转账凭证，将各损益类账户的余额结转入“本年利润”账户。（　　）

9.企业采用表结法结转本年利润时，年度内每月月末损益类账户发生额合计数和月末累计余额无须转入“本年利润”账户，但要将其填入利润表，在年末时将损益类账户全年累计余额转入“本年利润”账户。（　　）

二、单项选择题（下列各题只有一个正确答案，请将正确答案填在括号内）

1.下列各项不影响营业利润的是（　　）。

A.出售原材料净损失　　B.现金盘盈

C.计提固定资产减值准备　　D.计提坏账准备

2.下列各项不会引起利润总额发生增减变动的是（　　）。

A.计提存货跌价准备　　B.确认劳务收入

C.确认所得税费用　　D.取得持有国债的利息收入

3.下列各项不影响净利润的是（　　）。

A.长期股权投资权益法下确认的其他综合收益

B.转回已计提的存货跌价准备

C.出租包装物的摊销额

D.计算确认应交的房产税

4.某企业本期营业收入1000万元，营业成本700万元，税金及附加45万元，管理费用35万元，销售费用20万元，资产减值损失30万元，投资收益40万元，营业外收入15万元，营业外支出10万元，所得税费用32万元。假定不考虑其他因素，该企业本期营业利润为（　　）万元。

A.255　　B.200　　C.210　　D.160

5.下列各项会影响利润表当期利润总额的是（　　）。

A.库存现金盘盈　　B.固定资产盘盈

C.确认所得税费用　　D.代扣代缴个人所得税

6.会计期末损益类账户结转至本年利润后，“本年利润”账户的贷方余额表示（　　）。

A.累计未分配利润　　B.净利润

C.净损失　　D.利润总额

7.下列各项不能转入“本年利润”账户借方的是（　　）。

A.生产成本　　B.主营业务成本　　C.管理费用　　D.财务费用

8.下列各项关于结转本年利润方法的表述不正确的是（　　）。

A.表结法减少了月末转账环节工作量，且不影响利润表的编制

B.账结法无须每月编制结账的记账凭证，仅在年末一次性编制

C.表结法下每月月末需将损益类账户本月发生额合计数填入利润表的本月数栏

D.期末结转本年利润的方法有表结法和账结法两种

三、多项选择题（下列各题至少有两个正确答案，请将正确答案填在括号内）

1.下列各项不影响营业利润的有（　　）。

A.所得税费用　　B.营业外支出　　C.投资收益　　D.公允价值变动损益

2.下列各项不会引起营业利润增减变动的有（　　）。

A.收到购货方前欠货款　　B.处置投资取得的净收益

C.收到退回的所得税　　D.发生的业务招待费

3.下列各项会影响当期营业利润的有（　　）。

A.所得税费用　　B.固定资产减值损失

C.销售商品收入　　D.投资性房地产公允价值变动收益

4.下列各项不作为当期营业利润扣除项目的有（　　）。

A.交易性金融资产公允价值变动损失　　B.经营方式出租固定资产计提的折旧

C.股票发行费用　　D.收到的增值税

5.下列各项会影响利润表中当期利润总额的有（　　）。

A.无法查明原因的现金盘盈　　B.确认所得税费用

C.对外捐赠固定资产　　D.无形资产出售利得

6.下列各项既影响营业利润又影响利润总额的有（　　）。

A.计提坏账准备　　B.对外捐赠固定资产

C.计算所得税费用　　D.转让股权投资的收益

7.下列各项作为当期营业利润抵减项目的有（　　）。

A.产品广告费　　B.转让无形资产所有权的净收益

C.缴纳的增值税　　D.计提的坏账准备

8.下列各项会引起当期营业利润增加的有（　　）。

A.销售方负担的运费

B.转让股权投资获得的收益

C.交易性金融资产期末公允价值增加额

D.罚款收入

9.下列各项会影响当期净利润的有（　　）。

A.对外捐赠无形资产　　B.所得税费用

C.固定资产盘亏净损失　　D.固定资产出售利得

10.下列各账户数据在期末需要结转到“本年利润”账户的有（　　）。

A.“其他业务成本”　　B.“劳务成本”

C.“所得税费用”　　D.“制造费用”

11.下列各账户的期末余额应转入本年利润的有（　　）。

A.“财务费用”　　B.“主营业务收入”

C.“营业外收入”　　D.“递延收益”

12.下列各账户年末结转后应无余额的有（　　）。

A.“管理费用”　　B.“所得税费用”

C.“制造费用”　　D.“长期股权投资”

13.下列各项关于表结法的表述正确的有（　　）。

A.增加了转账环节的工作量

B.各损益类账户月末只需结计出本月发生额和月末累计余额

C.年末时将损益类账户全年累计余额转入本年利润

D.不影响有关损益指标的利用

14.下列各账户数据可能结转到“本年利润”账户借方的有（　　）。

A.“资产减值损失”　　B.“公允价值变动损益”

C.“以前年度损益调整”　　D.“投资收益”

15.下列各项年末需要结转到“本年利润”账户的有（　　）。

A.诉讼费　　B.所得税费用

C.研究阶段发生的费用　　D.生产设备改良支出

四、不定项选择题

甲公司为增值税一般纳税人，适用增值税税率13%。假定商品、原材料售价及劳务收入均为不含税价，销售商品、原材料及提供劳务均符合收入确认条件，其成本在确认收入时逐笔结转，不考虑其他因素。2019年10月，甲公司发生如下经济业务：

（1）4日，向本公司行政管理人员发放自产产品作为福利，该批产品的实际成本为8万元，市场售价为10万元。

（2）7日，向乙公司转让一项软件使用权，一次性收取使用费20万元、增值税1.2万元，款项存入银行，且不再提供后续服务。

（3）10日，销售乙商品一批，按商品标价计算的金额为200万元，由于是成批销售，甲公司给予客户10%的折扣，并开具了增值税专用发票，款项尚未收回。该批商品的实际成本为120万元。

（4）20日，销售的乙商品由于存在质量问题，客户要求退回所购商品的50%。经协商，甲公司同意了客户的退货要求，并按规定开具了红字增值税专用发票，该批退回的商品已验收入库。

（5）30日，将以前会计期间确认的与资产相关的政府补助在本月分配计入当月收益300万元。

（6）30日，以银行存款支付咨询费20万元、增值税1.2万元，取得增值税专用发票。

（7）30日，以银行存款支付短期借款利息10万元（未计提）、违约金5万元。

要求：根据上述资料，分析回答下列（1）至（3）小题。

（1）甲公司10月份的营业收入为（　　）万元。

A.120　　B.118　　C.110　　D.210

（2）甲公司10月份的营业利润为（　　）万元。

A.115.4　　B.310.7　　C.10.4　　D.23.4

（3）下列各项关于利润总额的表述，正确的是（　　）。

A.政府补助收入属于其他收益，增加利润总额

B.违约金在计算利润总额时不能扣除

C.向银行支付的咨询费影响利润总额

D.利润总额为305.7万元

项目六　财务报告

任务一　财务报告认知

学习重点与难点

知识点 6-1　财务报告认知

财务报告认知见表6-1。

表 6-1　　财务报告认知

<table>
<tr><th colspan="2">项　目</th><th colspan="2">内　容</th></tr>
<tr><td rowspan="3">财务报告</td><td>定义</td><td colspan="2">财务报告是企业对外提供的反映企业某一特定日期的财务状况和某一会计期间的经营成果、现金流量等会计信息的文件</td></tr>
<tr><td>目标</td><td colspan="2">向财务报告使用者提供与企业财务状况、经营成果和现金流量等有关的会计信息，反映企业管理层的受托责任履行情况</td></tr>
<tr><td>构成</td><td colspan="2">财务报表和其他应当在财务报告中披露的相关信息和资料</td></tr>
<tr><td rowspan="8">财务报表</td><td>定义</td><td colspan="2">财务报表是对企业财务状况、经营成果和现金流量的结构性表述</td></tr>
<tr><td>构成</td><td colspan="2">一套完整的财务报表至少应当包括资产负债表、利润表、现金流量表、所有者权益变动表及附注</td></tr>
<tr><td rowspan="6">分类</td><td rowspan="2">按经济内容</td><td>静态报表（资产负债表）</td></tr>
<tr><td>动态报表（利润表、现金流量表、所有者权益变动表）</td></tr>
<tr><td rowspan="2">按编报期间</td><td>中期财务报表（资产负债表、利润表）</td></tr>
<tr><td>年度财务报表（资产负债表、利润表、现金流量表、所有者权益变动表）</td></tr>
<tr><td rowspan="2">按编报主体</td><td>个别报表</td></tr>
<tr><td>合并报表</td></tr>
</table>

职业判断能力训练

知识点 6-1 财务报告认知

一、判断题（下列各题正确的在括号内打"√"，错误的打"×"）

1. 一套完成的财务报表由资产负债表、利润表、现金流量表、所有者权益变动表及附注组成。 （ ）

2. 财务报告就是财务报表，两者的实质是一样的。 （ ）

二、单项选择题（下列各题只有一个正确答案，请将正确答案填在括号内）

1. 根据企业会计准则规定，中期财务报表不包括（ ）。

A. 月报 B. 季报 C. 半年报 D. 年报

2. 下列各项关于财务报表的表述错误的是（ ）。

A. 利润表反映企业运用拥有资产获利的能力

B. 现金流量表反映企业在一定会计期间现金和现金等价物流入和流出的情况

C. 所有者权益变动表反映构成所有者权益的各组成部分当期增减变动的情况

D. 附注是对其他报表项目的文字描述或明细资料，以及其他报表中未能列示项目的说明，如果此类信息不多，则可不设附注

三、多项选择题（下列各题至少有两个正确答案，请将正确答案填在括号内）

1. 按现行企业会计准则的规定，一套完整的财务报表应当包括（ ）及附注。

A. 资产负债表 B. 利润表

C. 现金流量表 D. 所有者权益变动表

2. 下列关于企业财务报告的表述正确的有（ ）。

A. 财务报告包括财务报表和其他应当在财务报告中披露的相关信息和资料

B. 财务报告的目标是向报告使用者提供与企业财务状况、经营成果和现金流量等有关的会计信息

C. 财务报告的使用者包括投资者、债权人、债务人及社会公众，但不包括政府及有关部门

D. 财务报告提供了反映企业管理层受托责任履行情况的相关资料

任务二 资产负债表的编制

学习重点与难点

技能点6-1 资产负债表的编制

资产负债表的编制见表6-2。

表6-2 资产负债表的编制

<table>
<tr><th>项 目</th><th colspan="3">内 容</th></tr>
<tr><td>定义</td><td colspan="3">资产负债表是反映企业在某一特定日期的财务状况的报表</td></tr>
<tr><td>内容</td><td colspan="3">反映资产、负债和所有者权益三个方面的内容</td></tr>
<tr><td>结构</td><td colspan="3">资产负债表格式有报告式和账户式。我国采用账户式，左方为资产项目，按流动性分流动资产和非流动资产；右方为负债及所有者权益（或股东权益）项目，按清偿先后顺序分负债和所有者权益</td></tr>
<tr><td rowspan="7">数据来源与编制方法</td><td>①根据总账账户期末余额直接填列</td><td colspan="2">其他权益工具投资、递延所得税资产、短期借款、应付票据、应付职工薪酬、应交税费、持有待售负债、预计负债、递延收益、递延所得税负债、实收资本（或股本）、资本公积、库存股、其他综合收益、盈余公积</td></tr>
<tr><td rowspan="6">②根据总账账户期末余额计算填列</td><td>货币资金</td><td>“库存现金”“银行存款”“其他货币资金”总账期末余额合计</td></tr>
<tr><td>存货</td><td>“在途物资”“材料采购”“原材料”“周转材料”“库存商品”“委托加工物资”“发出商品”“生产成本”“材料成本差异”“委托代销商品”“受托代销商品”等账户借方余额合计，减去“受托代销商品款”“存货跌价准备”账户贷方余额后的净额</td></tr>
<tr><td>其他应付款</td><td>“应付股利”“应付利息”“其他应付款”等账户期末贷方余额合计</td></tr>
<tr><td>一年内到期的非流动资产</td><td>“债权投资”“长期待摊费用”“长期应收款”等账户反映的将在一年内到期部分的金额合计</td></tr>
<tr><td>一年内到期的非流动负债</td><td>“长期借款”“长期应付款”“应付债券”等账户反映的将在一年内到期部分的金额合计</td></tr>
<tr><td>未分配利润</td><td>编制中期报表，根据“本年利润”账户和“利润分配”账户的余额计算的贷方余额填列；借方余额，以“-”号填列。
编制年度报表，直接根据“利润分配”账户的贷方余额填列，借方余额以“-”号填列</td></tr>
</table>

续表

项　目	内　容		
数据来源与编制方法	③根据有关明细账户余额计算填列	预付款项	“应付账款”和“预付账款”所属明细账借方余额的合计
		应付账款	“应付账款”和“预付账款”所属明细账贷方余额的合计
		预收款项	“应收账款”和“预收账款”所属明细账贷方余额的合计
		开发支出	“研发支出——资本化支出”明细账期末余额
		长期待摊费用	“长期待摊费用”总账借方余额扣除“长期待摊费用”所属明细账反映的将于一年内摊销的长期待摊费用后的金额
		长期借款	“长期借款”总账贷方余额扣除“长期借款”所属明细账反映的将于一年内到期的长期借款后的金额
		应付债券	“应付债券”总账贷方余额扣除“应付债券”所属明细账反映的将于一年内到期的应付债券后的金额
	④根据总账账户期末余额减去其备抵账户余额后的金额填列	应收票据	“应收票据”总账余额，减去“坏账准备”账户中对应坏账准备贷方余额后的金额
		应收账款	“应收账款”和“预收账款”所属明细账借方余额合计，减去“坏账准备”账户中对应坏账准备贷方余额后的金额
		其他应收款	“其他应收款”“应收利息”“应收股利”总账借方余额减去“坏账准备”账户中相关的坏账准备贷方余额后的净额
		债权投资	“债权投资”账户有关明细账户期末余额，减去“债权投资减值准备”账户中相关减值准备期末余额后的金额。自资产负债表日起一年内到期的长期债权投资的期末账面价值，在“一年内到期的非流动资产”项目列示。企业购入的以摊余成本计量的一年内到期的债权投资的期末账面价值，在“其他流动资产”项目列示
		持有待售资产	“持有待售资产”账户期末借方余额减去“持有待售资产减值准备”账户贷方余额后的净额
		长期股权投资	“长期股权投资”账户借方余额减去“长期股权投资减值准备”账户贷方余额的净额
		在建工程	“在建工程”账户借方余额减去“在建工程减值准备”账户贷方余额，以及“工程物资”账户借方余额，减去“工程物资减值准备”账户贷方余额后的净额
		投资性房地产	“投资性房地产”账户借方余额减去“投资性房地产累计折旧”“投资性房地产减值准备”账户贷方余额后的净额
		固定资产	“固定资产”账户借方余额减去“累计折旧”“固定资产减值准备”账户贷方余额，以及“固定资产清理”账户期末余额后的净额
		生产性生物资产	“生产性生物资产”账户借方余额减去“生产性生物资产累计折旧”“生产性生物资产减值准备”账户贷方余额后的净额
		油气资产	“油气资产”账户借方余额减去“累计折耗”“油气资产减值准备”账户贷方余额后的净额
		无形资产	“无形资产”账户借方余额减去“累计摊销”“无形资产减值准备”账户贷方余额后的净额
		商誉	“商誉”账户借方余额减去“商誉减值准备”账户贷方余额后的净额
		长期应收款	“长期应收款”总账借方余额减去“未实现融资收益”总账贷方余额及所属明细账户中将于一年内到期的长期应收款后的金额
		长期应付款	“长期应付款”总账贷方余额减去“未确认融资费用”账户借方余额及“长期应付款”所属明细账户中反映的将于一年内到期的长期应付款后的净额

职业判断能力训练

技能点6-1　资产负债表的编制

一、判断题（下列各题正确的在括号内打"√"，错误的打"×"）

1.材料采用计划成本计价核算，以及库存商品采用售价核算的企业，在填列"存货"项目时还应加或减材料成本差异、商品进销差价。（　　）

2.企业采用计划成本计价核算原材料时，如果当期的材料成本差异率为负数，那么反映在资产负债表中的原材料的实际成本大于计划成本。（　　）

3.资产负债表日，应根据"库存现金""银行存款""其他货币资金"三个总账账户的期末余额总计数填列资产负债表"货币资金"项目。（　　）

4.资产负债表"预付款项"项目应当根据"预付账款"总账余额减去对应的"坏账准备"账户期末余额后的净额填列。（　　）

5.资产负债表"固定资产"项目根据"固定资产"账户的期末余额减去"累计折旧"和"固定资产减值准备"账户的期末余额后的金额填列。（　　）

二、单项选择题（下列各题只有一个正确答案，请将正确答案填在括号内）

1.资产负债表中资产排列顺序依据的是（　　）。

A.项目收益性　　B.项目重要性

C.项目流动性　　D.项目时间性

2.能体现资产负债表编制依据的会计等式是（　　）。

A.收入-费用=利润　　B.现金流入-现金流出=现金净流量

C.资产+费用=负债+所有者权益+收入　　D.资产=负债+所有者权益

3.甲企业"应收账款"账户月末借方余额10 000元，其中："应收账款——A公司"明细账户借方余额8 000元；"应收账款——B公司"明细账户借方余额2 000元。"预收账款"账户月末贷方余额5 000元，其中"预收账款——C工厂"明细账户贷方余额8 000元，"预收账款——D工厂"明细账户借方余额3 000元。则月末资产负债表"应收账款"项目金额为（　　）元。

A.10 000　　B.13 000　　C.8 000　　D.11 000

4.某企业期末"工程物资"账户余额100万元，"发出商品"账户余额80万元，"原材料"账户余额100万元，"材料成本差异"账户贷方余额10万元，"存货跌价准备"账户贷方余额5万元。假定不考虑其他因素，资产负债表"存货"项目金额为（　　）万元。

A.170　　B.165　　C.265　　D.275

5.某企业"应付账款"账户月末贷方余额5 000万元，其中："应付账款——A公司"明细账户贷方余额8 000万元；"应付账款——B公司"账户借方余额3 000万元。

“预付账款”账户月末借方余额4 000万元，其中：“预付账款——C公司”明细账户借方余额5 000万元；“预付账款——D公司”明细账户贷方余额1 000万元。与预付账款有关的“坏账准备”明细账户贷方余额为500万元。则月末资产负债表“应付账款”项目金额为（　　）万元。

A.9 000　　B.8 000　　C.5 000　　D.7 000

6.下列各项关于资产负债表“预收款项”项目填列方法的表述正确的是（　　）。

A.根据“预收账款”账户期末余额填列

B.根据“预收账款”和“应收账款”账户所属各明细账户期末贷方余额合计数填列

C.根据“预收账款”和“预付账款”账户所属各明细账户期末借方余额合计数填列

D.根据“预收账款”和“应付账款”账户所属各明细账户期末贷方余额合计数填列

7.下列各项期末余额不应在资产负债表“存货”项目列示的是（　　）。

A.库存商品　　B.材料成本差异

C.在建工程　　D.委托加工物资

8.下列各项期末余额不应在资产负债表“存货”项目列示的是（　　）。

A.商品进销差价　　B.生产成本

C.工程物资　　D.周转材料

9.下列各项关于资产负债表的填列方法的表述不正确的是（　　）。

A.“货币资金”项目应当根据“库存现金”“银行存款”“其他货币资金”等总账账户的期末余额合计数填列

B.“其他应收款”项目应当根据“应收股利”“应收利息”“其他应收款”等账户期末余额合计数，减去相关坏账准备后的净额填列

C.“应付债券”项目应当根据“应付债券”账户期末余额填列

D.“资本公积”项目应当根据“资本公积”账户期末余额填列

10.下列各账户期末余额不应在资产负债表“存货”项目反映的是（　　）。

A.“工程物资”　　B.“生产成本”

C.“发出商品”　　D.“委托代销商品”

11.某企业2017年4月1日从银行借入期限为3年的长期借款1 000万元，编制2019年12月31日资产负债表时，此项借款应在资产负债表（　　）项目列报。

A.“短期借款”　　B.“长期借款”

C.“其他长期负债”　　D.“一年内到期的非流动负债”

12.某企业2019年12月31日“固定资产”账户余额1 000万元，“累计折旧”账户余额600万元，“固定资产减值准备”账户余额100万元，“在建工程”账户余额200万元，“工程物资”账户余额150万元。则该企业2019年12月31日资产负债表“固定资产”项目金额为（　　）万元。

A.500　　B.400　　C.300　　D.650

13.资产负债表“未分配利润”项目金额等于（　　）。

A.“利润分配”账户余额

B.“本年利润”账户余额

C.“本年利润”与“利润分配”账户的余额之和

D.“盈余公积”账户余额

14.2019年12月31日，“无形资产”账户借方余额为200万元，“累计摊销”账户贷方余额为40万元，“无形资产减值准备”账户贷方余额为20万元。不考虑其他因素，资产负债表“无形资产”项目应填列的金额为（　　）万元。

A.180　　B.140　　C.200　　D.160

15.某企业“预收账款”账户年末贷方余额20 000元，其中：“预收账款——甲公司”明细账户贷方余额17 500元；“预收账款——乙公司”明细账户贷方余额2 500元。“应收账款”账户年末借方余额15 000元，其中：“应收账款——A公司”明细账户借方余额25 000元；“应收账款——B公司”明细账户贷方余额10 000元。假定不考虑其他因素，该企业年末资产负债表“预收款项”项目金额为（　　）元。

A.10 000　　B.20 000　　C.15 000　　D.30 000

三、多项选择题（下列各题至少有两个正确答案，请将正确答案填在括号内）

1.下列各项应在资产负债表“流动资产”项目中反映的有（　　）。

A.预付款项　　B.开发支出

C.交易性金融资产　　D.存货

2.下列各项应在资产负债表“流动负债”项目中反映的有（　　）。

A.预收款项　　B.应付债券

C.长期应付款　　D.一年内到期的长期借款

3.资产负债表“货币资金”项目不包括（　　）。

A.银行本票存款　　B.银行承兑汇票

C.商业承兑汇票　　D.交易性金融资产

4.下列各项应在资产负债表“存货”项目中反映的有（　　）。

A.原材料　　B.低值易耗品

C.自制半成品　　D.外购商品

5.下列各项中，应在资产负债表“预付款项”项目列示的有（　　）。

A.“应付账款”所属明细账账户的借方余额

B.“应付账款”所属明细账账户的贷方余额

C.“预付账款”所属明细账账户的借方余额

D.“预付账款”所属明细账账户的贷方余额

6.资产负债表中的下列项目，根据总账账户减去备抵账户的差额填列的有（　　）。

A.交易性金融资产　　B.无形资产

C.固定资产　　D.长期股权投资

7.下列各项关于资产负债表项目填列的表述正确的有（　　）。

A.“短期借款”项目根据“短期借款”总账账户期末余额直接填列

B.“实收资本”项目根据“实收资本”总账账户期末余额直接填列

C.“开发支出”项目根据“研发支出”账户所属“资本化支出”明细账户期末余额填列

D.“长期借款”项目根据“长期借款”总账账户及其明细账账户期末余额分析计算填列

8.下列各项中，应列入资产负债表“其他应付款”项目的有（　　）。

A.计提的短期借款利息

B.计提的到期一次还本付息债券利息

C.计提的分期付息到期还本债券利息

D.计提的分期付息到期还本长期借款利息

9.下列账户期末余额，应在资产负债表“未分配利润”项目填列的有（　　）。

A.“本年利润”　　B.“利润分配”

C.“盈余公积”　　D.“资本公积”

10.下列资产负债表项目中，应根据总账账户期末余额直接填列的有（　　）。

A.“短期借款”　　B.“货币资金”

C.“资本公积”　　D.“实收资本”

四、不定项选择题

甲公司为增值税一般纳税人，适用增值税税率13%，2019年11月30日，甲公司资产负债表有关项目期末余额为：“货币资金”项目18 500万元，“应收账款”项目3 600万元，“预收款项”项目800万元，“应交税费”项目100万元。12月份发生如下交易和事项：

（1）5日，甲公司采用托收承付方式向乙公司销售商品一批，增值税专用发票上注明金额200万元、税额26万元；该批商品成本为120万元。双方签订合同时，甲公司得知乙公司资金流转暂时发生困难，但为了减少库存商品积压，仍将商品发出并办妥托收手续，纳税义务已发生。

（2）10日，甲公司同丙公司签订销售协议，采用预收款方式向丙公司销售商品一批，实际成本900万元。销售协议约定售价1 200万元、增值税税额156万元，丙公司预付60%的货款（按不含税售价计算），其余款项于2020年2月份结算。

（3）15日，甲公司与丁公司签订委托销售协议，丁公司按照协议价的5%收取手续费，并直接从代销款中扣除。协议价款600万元，实际成本460万元。20日，收到代销清单，已售出50%的商品，甲公司向丁公司开具增值税专用发票，同时已将收到的扣除手续费的代销商品款存入银行（假定计算代销手续费不考虑增值税）。

（4）20日，2019年10月赊销给戊公司的商品因质量问题部分退回。商品原售价200万元、增值税26万元，已确认收入，款项尚未收到。退回部分商品价款20万元、增值税2.6万元，成本12万元。甲公司向戊公司开具红字增值税专用发票，收到戊公司带息商业承兑汇票，期限5个月，用于抵偿剩余款项。

要求：根据上述资料，不考虑其他因素，分析回答下列（1）至（5）小题。

（1）根据业务（1），下列账务处理结果正确的是（　　）。

A.确认主营业务成本120万元　　B.确认发出商品120万元

C.确认应收账款226万元　　　　D.确认主营业务收入200万元

（2）根据业务（2），甲公司向丙公司预收货款的账务处理（单位：万元）正确的是（　　）。

A.借：银行存款　　813.6
　　贷：预收账款　　813.6

B.借：主营业务成本　　540
　　贷：库存商品　　540

C.借：银行存款　　813.6
　　贷：主营业务收入　　720
　　　　应交税费——应交增值税（销项税额）　　93.6

D.借：银行存款　　720
　　贷：预收账款　　720

（3）根据业务（3），甲公司委托丁公司代销商品的处理结果正确的是（　　）。

A.15日发出商品，应确认主营业务收入600万元

B.20日销售费用增加15万元

C.20日银行存款增加324万元

D.15日发出商品，应确认应收账款460万元

（4）根据业务（4），甲公司账务处理结果正确的是（　　）。

A.库存商品增加12万元　　　　B.应收票据增加203.4万元

C.冲减销售商品收入20万元　　　　D.应收账款转应收票据190.8万元

（5）根据期初资料、业务（1）至业务（4），甲公司在资产负债表日相关资产项目期末余额正确的是（　　）。

A.应交税费162.4万元　　　　B.预收款项1 520万元

C.货币资金19 544万元　　　　D.应收账款3 400万元

任务三　利润表的编制

学习重点与难点

技能点6-2　利润表的编制

利润表的编制见表6-3。

表6-3 利润表的编制

项　目		内　容
定义		利润表是反映企业一定期间经营成果的报表
格式		利润表格式有单步式和多步式两种，我国采用多步式
依据		收入-费用=利润
填列方法	营业收入	营业收入=主营业务收入+其他业务收入
	营业利润	营业利润=营业收入-营业成本-税金及附加-销售费用-管理费用（含研发费用）-财务费用-资产减值损失-信用减值损失±公允价值变动损益±投资收益±资产处置收益+其他收益
	利润总额	利润总额=营业利润+营业外收入-营业外支出
	净利润	净利润=利润总额-所得税费用
	其他综合收益	根据企业会计准则规定未在损益中确认的各项利得和损失扣除所得税影响后的净额
	综合收益总额	企业净利润与其他综合收益的合计金额

职业判断能力训练

技能点6-2 利润表的编制

一、判断题（下列各题正确的在括号内打“√”，错误的打“×”）

1.某企业2019年1月利润总额100万元，确认了所得税费用25万元，则在表结法下“本年利润”账户月末余额为75万元。（　　）

2.利润表各项目均需填列“本期金额”和“上期金额”两栏。其中“上期金额”栏内各项目数字（“基本每股收益”和“稀释每股收益”项目除外），应根据上年该期利润表的“本期金额”栏内所列数字填列。（　　）

3.计提固定资产减值准备不影响营业利润。（　　）

二、单项选择题（下列各题只有一个正确答案，请将正确答案填在括号内）

1.某企业2019年销售商品收入1 000万元，销售商品成本600万元，广告宣传费20万元，管理人员工资费用50万元，借款利息费用10万元（不满足资本化条件），股票投资收益40万元，资产减值损失70万元（损失），公允价值变动损益80万元（收益），出售固定资产净收益25万元，支付行政罚款15万元。不考虑其他因素，该企业2019年利润总额为（　　）万元。

A.370　　B.330　　C.320　　D.380

2.2019年6月，某企业发生如下交易事项：支付诉讼费用10万元，固定资产毁损净损失8万元，公益性捐赠支出5万元，支付税收滞纳金1万元。该企业2019年6月利润表“营业外支出”项目的本期金额为（　　）万元。

A.14　　B.16　　C.19　　D.6

3.下列各项不应在利润表“营业成本”项目列示的是（　　）。

A.已售商品实际成本　　B.在建工程领用产品成本

C.对外提供劳务结转成本　　D.投资性房地产计提折旧

4.下列各项不应列入利润表“营业收入”项目的是（　　）。

A.销售商品收入　　B.处置固定资产净收益

C.提供劳务收入　　D.让渡无形资产使用权收入

5.下列各项应在利润表“资产减值损失”项目列示的是（　　）。

A.原材料盘亏损失　　B.固定资产减值损失

C.应收账款减值损失　　D.无形资产处置净损失

6.下列各项中，影响利润表中“营业利润”项目的是（　　）。

A.盘亏固定资产净损失　　B.计提固定资产减值准备

C.发生的所得税费用　　D.固定资产毁损的净损失

7.下列各项应列入利润表“营业收入”项目的是（　　）。

A.销售材料取得的收入　　B.接受捐赠收到的现金

C.出售专利权的净收益　　D.出售自用房产的净收益

三、多项选择题（下列各题至少有两个正确答案，请将正确答案填在括号内）

1.下列各项不属于利润表项目的有（　　）。

A.未分配利润　　B.营业外收入　　C.净利润　　D.主营业务收入

2.下列各项属于“利润表”项目的有（　　）。

A.其他收益　　B.其他综合收益的税后净额

C.资产处置收益　　D.递延收益

3.下列各项影响利润表“营业利润”项目金额的有（　　）。

A.转让专利所有权取得的净收益　　B.出租机器设备取得的净收益

C.出售原材料取得的净收益　　D.支付的税收滞纳金

4.下列各项交易或事项会影响企业综合收益总额的有（　　）。

A.销售商品收入

B.处置固定资产净收益

C.交易性金融资产期末公允价值上升

D.税收罚款

5.下列各项应列入利润表“营业收入”项目的有（　　）。

A.营业外收入　　B.其他业务收入

C.投资收益　　D.主营业务收入

四、不定项选择题

甲公司为增值税一般纳税人，适用增值税税率13%，2019年1月至11月损益类账户发生额汇总资料见表6-4。

表6-4　　2019年1月至11月损益类账户发生额汇总资料　　单位：万元

名　称	借　方	名　称	贷　方
主营业务成本	1 350	主营业务收入	1 500
税金及附加	125	其他业务收入	500
管理费用	200	投资收益	30
销售费用	100	营业外收入	65
财务费用	20		
合计	1 795	合计	2 095

2019年12月，甲公司发生如下经济业务：

（1）2日，向乙公司销售商品一批，开具的增值税专用发票上注明金额150万元、税额19.5万元，同时为乙公司代垫运费2万元，增值税0.18万元，全部款项已办妥托收手续。该批商品成本为100万元，商品已经发出，满足收入确认条件。

（2）10日，向丙公司销售商品一批，增值税专用发票上注明金额30万元、税额3.9万元，该批商品成本为25万元。合同规定的现金折扣条件为“2/10，1/20，n/30”。19日，收到丙公司扣除所享受现金折扣后的全部款项存入银行。约定计算现金折扣不考虑增值税。

（3）18日，因质量有瑕疵，收到丁公司退回商品一批，该批商品系上月销售，不含税售价为60万元，实际成本为50万元。该批商品尚未确认收入，也未收取货款。经核查，甲公司同意退货，已办妥退货手续，并向丁公司开具了红字增值税专用发票。

（4）31日，“应收账款”账户余额183万元（“坏账准备”账户期初余额为零）。经信用评估，应计提坏账准备8万元。本月共发生财务费用5万元，销售费用10万元，管理费用12万元。

要求：根据上述资料，不考虑其他因素，分析回答下列（1）至（5）小题。

（1）甲公司1至11月收入、费用及经营成果的计算结果正确的是（　　）。

A.期间费用320万元　　B.营业收入2 000万元

C.利润总额300万元　　D.营业利润235万元

（2）根据业务（1），甲公司向乙公司销售商品的账务处理正确的是（　　）。

A.确认应收账款169.5万元　　B.结转商品销售成本100万元

C.确认其他应收款2.18万元　　D.确认主营业务收入152万元

（3）根据业务（2），甲公司19日收到丙公司货款的账务处理（单位：万元）正确的是（　　）。

A.借：银行存款　　33.2
　　　财务费用　　0.7
　　贷：应收账款　　33.9

B.借：银行存款　　33.6
　　　财务费用　　0.3
　　贷：应收账款　　33.9

C.借：银行存款　　33.9
　　贷：应收账款　　33.9

D.借：银行存款　　33.3
　　　财务费用　　0.6

贷：应收账款 33.9

（4）根据业务（3），甲公司收到丁公司退货的账务处理的表述正确的是（　　）。

A.按销售价格计算的增值税贷记“应收账款”账户

B.按商品成本贷记“发出商品”账户

C.按销售价格计算的增值税借记“应交税费”账户

D.按商品成本借记“库存商品”账户

（5）根据1月至11月资料、业务（1）至业务（4），甲公司2019年的利润总额是（　　）万元。

A.318　　B.320　　C.310　　D.319.4

任务四　所有者权益变动表及附注的编制

学习重点与难点

技能点6-3　所有者权益变动表及附注的编制

所有者权益变动表及附注的编制见表6-5。

表6-5　所有者权益变动表及附注的编制

项目		内容
所有者权益变动表	定义	所有者权益变动表是反映构成所有者权益的各组成部分当期增减变动情况的报表
	内容	其他综合收益，会计政策变更和前期差错更正的累积影响金额，所有者投入资本和向所有者分配利润等，按照规定提取的盈余公积，实收资本（或股本）、其他权益工具、资本公积、其他综合收益、盈余公积、未分配利润的期初和期末余额及其调节情况
	填列	①所有者权益变动表“上年金额”栏各项目数字，应根据上年度所有者权益变动表“本年金额”栏内所列数字填列。 ②所有者权益变动表“本年金额”栏内各项目数字一般应根据“实收资本（或股本）”“其他权益工具”“资本公积”“库存股”“其他综合收益”“盈余公积”“利润分配”“利润分配”“以前年度损益调整”等账户的发生额分析填列
附注	定义	附注是对资产负债表、利润表、现金流量表和所有者权益变动表等报表列示项目的文字描述或明细资料，以及对未能在这些报表中列示项目的说明等
	内容	企业基本情况，财务报表的编制基础，遵循企业会计准则的声明，重要的会计政策和会计估计，会计政策和会计估计变更以及差错更正说明，报表重要项目说明，其他需要说明的重要事项

职业判断能力训练

技能点6-3 所有者权益变动表及附注的编制

一、判断题（下列各题正确的在括号内打“√”，错误的打“×”）

1.所有者权益变动表的“上年金额”栏应该根据上年度所有者权益变动表“本年金额”栏内所列数字进行填列，上年度所有者权益变动表各项目的名称和内容与本年不一致的，应按照上年度所有者权益变动表各项目的名称和数字对本年进行调整。（ ）

2.所有者权益变动表中的“上年金额”栏应该根据上年度所有者权益变动表“本年金额”栏内所列数字进行填列。（ ）

3.所有者权益变动表中“综合收益总额”项目，反映净利润与其他综合收益扣除所得税影响后的净额相加后的合计金额。（ ）

4.所有者权益变动表“未分配利润”项目的本年年末余额应当与本年度资产负债表“未分配利润”项目的年末余额相等。（ ）

5.财务报表附注是对在资产负债表、利润表、现金流量表和所有者权益变动表等报表中列示项目的文字描述或明细资料，以及对未能在这些报表中列示项目的说明等。（ ）

二、单项选择题（下列各题只有一个正确答案，请将正确答案填在括号内）

1.下列各项不属于所有者权益变动表列示项目的是（ ）。

A.综合收益总额　　B.所有者投入和减少资本

C.利润分配　　D.每股收益

2.下列各项属于所有者权益变动表列示项目的是（ ）。

A.净利润　　B.利润总额　　C.盈余公积　　D.所得税费用

3.下列各项关于财务报表附注的表述不正确的是（ ）。

A.附注中包括财务报表重要项目的说明

B.对未能在财务报表列示的项目进行说明

C.如果没有需要披露的重大事项，企业不必编制附注

D.附注中包括会计政策和会计估计变更以及差错更正的说明

三、多项选择题（下列各题至少有两个正确答案，请将正确答案填在括号内）

1.下列各项属于“所有者权益内部结转”项目的有（ ）。

A.提取盈余公积　　B.资本公积转增资本

C.盈余公积转增资本　　D.盈余公积弥补亏损

2.所有者权益变动表的下列各项目中，“本年金额”栏数字应根据其发生额分析填列的有（ ）。

A.“以前年度损益调整”　　B.“库存股”

C.“盈余公积”　　　　D.“利润分配”

3.下列各项关于所有者权益变动表编制的说法正确的有（　　）。

A.“综合收益总额”项目，反映净利润和其他综合收益扣除所得税影响后的净额相加后的合计金额

B.“所有者投入资本”项目，反映企业接受投资者投入资本，包括实收资本（或股本）和资本溢价（或股本溢价）

C.“股份支付计入所有者权益的金额”项目，反映企业处于等待期中的权益结算的股份支付当年计入资本公积的金额

D.“所有者权益内部结转”项目，反映不影响当年所有者权益总额各组成部分之间当年的增减变动

4.下列各项属于所有者权益变动表单独列示项目的有（　　）。

A.提取盈余公积　　　　B.综合收益总额

C.各所有者分配利润　　　　D.所有者投入资本

5.上市公司的下列各项应在其财务报表附注中披露的有（　　）。

A.重要的会计政策和会计估计　　　　B.报表重要项目的说明

C.财务报表的编制基础　　　　D.企业的业务性质和主要经营活动